博客天下

摇摆与狂奔系列丛书

商界之道

顶级企业家的平凡生活
与非凡韧性

《博客天下》杂志社 编著

SPM
南方出版传媒
广东人民出版社
·广州·

图书在版编目（CIP）数据

商界之道：顶级企业家的平凡生活与非凡韧性 /《博客天下》杂志社编著.—广州：广东人民出版社，2017.4

ISBN 978-7-218-11639-6

Ⅰ.①商…　Ⅱ.①博…　Ⅲ.①企业家—生平事迹—中国—现代　Ⅳ.①K825.38

中国版本图书馆CIP数据核字（2017）第034854号

SHANGJIE ZHIDAO: DINGJI QIYEJIA DE PINGFAN SHENGHUO YU FEIFAN RENXING

商界之道：顶级企业家的平凡生活与非凡韧性

《博客天下》杂志社　编著

出 版 人：肖风华

策　　划：肖风华
责任编辑：罗　丹
文字编辑：廖志芬
封面设计：童　杰
责任技编：周　杰

出版发行：广东人民出版社
地　　址：广州市大沙头四马路10号（邮政编码：510102）
电　　话：（020）83798714（总编室）
传　　真：（020）83780199
网　　址：http://www.gdpph.com
印　　刷：广州家联印刷有限公司
开　　本：787mm×1092mm　1/16
印　　张：17　　字　　数：250千
版　　次：2017年4月第1版　2017年4月第1次印刷
定　　价：39.00元

如发现印装质量问题，影响阅读，请与出版社（020-83795749）联系调换。
售书热线：（020）83795240

总　序

人类正处于一个前所未有的急剧变革时代中。

什么都很快，吃得很快，走得很快，活得很快，老得很快。在所有的一切都快步向前时，可能只是稍微打了个盹，你就被落在了后面。

比如说博客。

不过短短几年时间，自媒体的主流形态就完成了两次迭代，一次是从博客到微博，一次是从微博到微信。在一些人眼里，博客彻底成了一个旧物，听起来很久远的样子——这种感觉可能跟一个五岁的孩子称自己两三岁时为小时候一样，虽然时间没过去多久，内心却像隔着万水千山。

作为一本名字里被深深打下了"博客"烙印的杂志，《博客天下》难免会给某些不明真相的人过时之感，被认为还在做博客时代的事情。其实不然，它不过是名字被留在了原地而已，内容一点儿都没耽搁。

从"中国第一本博客新闻杂志"，到"十天新闻，一网打尽"，到"博闻雅识，非凡之客"，《博客天下》Slogan的每一次变迁，都伴随着一次全面的自我革新和蜕变。从最初的文摘，到全原创，到现在的主打深度报道，它从无到有，一步一个脚印，搭建了独属于自己的内容矩阵。

时至今日，《博客天下》里的"博客"早已不再是一种互联网产品（blog），而被我们赋予了新的含义，它致力于让自己"博雅"，同时也希望它的读者"博雅"。

而如何在这个粗鄙、吵闹、匆忙的时代做到"博雅"，《博客天下》在长期的新闻实践中，给出了这样几条抵达路径：见识、品味和判断力。

受移动和非移动互联网影响，我们的生活时刻被形形色色扑面而来的碎片信息所环绕，获得见闻不再是一件难事，但见闻并不意味着见识；

从商业角度讲，《博客天下》毋庸置疑是一种产品，是产品自然就得追求品质，一本杂志的品质主要取决于外在的视觉呈现和内在的文字写作，但品质并不等于品味；

投身媒体事业的人大都知道，新闻报道的基石是事实和真相，尽管有时候去找寻它们并不容易，甚至会冒着一定风险，但掌握事实并不代表就拥有了判断力。

在我们看来，见识是见闻的进阶，品味是品质的进阶，判断力是事实还原的进阶，这背后关联着一本杂志提倡的整体的审美、趣味、格局、智识和价值观。特别是信息泛滥、悬疑丛生、众说纷纭、泡沫疯长的当下，见识、品味和判断力显得尤为重要。

这三要素一定程度上渗透到了《博客天下》的新闻报道中。从前期的选题策划到后期的采访写作，我们视生产有格调的新闻、追求未污染的文字为己任，既注重事实报道本身，又注重其背后的时代风潮和运转逻辑。

　　对这样一本涵盖了时事、商业、文化、娱乐等领域的综合性新闻刊物来讲，从数百期杂志中精选一部分文章出来结集成书并非易事。

　　因此，我们决定打破传统的题材和类型划分，而以时下人们关心和关注的问题为切口，将话题相关者辑合在一起，编撰成"摇摆与狂奔"书系，并贺《博客天下》杂志创刊九周年：

《未来大猜想》

《众声喧哗：公共舆论场里的改造与狂欢》

《两极：同一个世界的不同世界》

《刺猬的拥抱：在相爱与相杀之间共存》

《吃瓜群众在围观啥》

《向理想致敬：中国精英分子的坚守与狂奔》

《商界之道：顶级企业家的平凡生活与非凡韧性》

《娱塘：最难得的是做自己》

　　是为总序。

《博客天下》杂志社

序

如今的时代，不缺汲汲于成功的人，也不缺哗众取宠的人，但缺既能开疆辟土又能守得住自我的人。

他们既享受平凡生活，也追求事业理想，这本身就是一种难得的努力；他们付出和珍视这种努力，身处的无常竞争世界才有可能回归到正常的生活。而这个过程，自会留给一代人非常的记忆。

一名创业者曾说："那种感觉很孤独，非常孤独。但这恰恰是我必须忍受的。"这种感受一方面来自于希望享受平凡人的生活，另一方面又追求无止境的事业，而每个人都会给出不同的答案去突破这个矛盾的极限。

本书收录了《博客天下》近年来推出的一系列经典商业报道，故事的主角都是当今互联网企业及传统制造企业的大佬。不管潘石屹、俞敏洪、周鸿祎、曹国伟、张朝阳，还是褚时健、董明珠、俞永福等，他们都堪称一个时代的商业榜样，或是经营高手，或是资本运作高手。

他们的成功得益于机遇、环境、大的气候，也得益于自身的努力。平凡与非凡在他们身上均有体现。

从小在农村听着狼叫长大的潘石屹，经历过饥饿、穷苦和屈辱，为了逃离农村，他和"右派"父亲各怀心事。然而，当终于有一天他们进入大城市后，却发现自己精神上从来没有离开故乡潘集寨。近年借褚橙重新浮出水面的褚时健，已经年逾八十，人生经历大起大落、跌宕起伏，但无论在什么样的处境，他都守住了自己的尊严，宠辱不惊。在高处时享受成就，在低处时享受人生，说的正是他们。

这是一条条通往成功之路，同时也是一条条平凡之路。如朴树在歌中所唱："我曾经跨过山和大海/也穿过人山人海/我曾经拥有着一切/转眼都飘散如烟/我曾经失落失望失掉所有方向/直到看见平凡才是唯一的答案。"

本书的主角们既享受平凡生活，也追求事业理想；他们越过油盐酱醋，刀锋迎面地跟你谈人生。

博雅天下传播机构董事长　荣　波

目 录

第一章

潘石屹刷新朋友圈

潘谈会：给人生鸡汤，也给创业干货

潘谈会像一个隐形孵化器，通过大佬们的名气和地位，跟各行各业产生新的链接。

文/李天波　图/尹夕远　编辑/王波

潘谈会现场，雷军、冯仑和潘石屹对谈创业话题。

电子屏幕上，姚明和SOHO中国董事长潘石屹的合影正在轮番播放。五百多名观众坐在台阶式席位上等待着，后排一位男子的叹息突然打破了平静——"哎呀，我没拿到签名。"

2016年5月27日下午4点，在光华路SOHO3Q的开放空间，他的声音粗犷却极具穿透力，引得人群循声望去，这位中年男子身材有些发福，背着黑色公文包，手里捏着两本潘石屹的自传——《我的价值观》。

"姚明来了吗？你看到没？"有人发问。

"远远看到了，每次一靠近就被保安拦回来。"他说。看没人接话，他又补充了一句，"以前都能钻进去的，我跟潘石屹、李开复、雷军都合过影。"细密的汗珠从额头上渗出来，他用手抖了抖半湿透的白色T恤，抱怨那些怎么都拧不过的保安。

有人戏谑他来这儿就为个合影，也有人安抚他，"一会儿拍照机会多的是"。窸窸窣窣的对话间隙，现场突然响起了音乐，人们的目光迅速从手机迁移到舞台。

在数十位保安的护送下，潘石屹、张欣以及身高226厘米的姚明缓慢出场。观众席后排几乎全体起立，有人高喊姚明，有人举起手机拍照，也有人试图冲到前排跟姚明错位合影。现场主持人不得不提起话筒，带着玩笑的语气说了一句——咱收着些！

前排四个摄像师傅根据舞台嘉宾的站位快速调整机位，线上开始观看直播的粉丝们不间断送出爱心气泡。而在警戒线外未能如愿进场的观众，迅速聚拢在二三楼的看台，从上而下俯瞰现实中很难见到的篮球明星以及这座建筑的老板。

身在其中，感觉似乎正在经历一场传统的直播录制，有主持人、嘉宾，有明确的对谈话题，有四台足够高清的视频拍录机，以及恰到好处的舞台灯光。但从气氛上来说，这里足够轻松，更像一场即将开始的party（派对）。

穿着运动服出场的潘石屹开场白不是自我介绍，而是跟朋友聊天式地交代了一句——"我今天也是西服领带，姚明进来说你怎么穿这样的衣服呢，我现跑回家去换的衣服，这件还可以吗？"观众齐声回答——可以！

潘石屹是这场活动的发起人，名字也以他的姓氏命名——潘谈会。从字面理解，这是一个以潘石屹为主角的对谈节目。实际上，作为主人的潘石屹在对谈里常常担当配角，他的主要任务是协助团队请来嘉宾，或者帮助嘉宾串场、适当充任主持人助理的角色。

当天，他出场简单说了几句，就配合主持坐在一边，把主要发言的机会交给了姚明。

这是第11期潘谈会。从2015年2月开始，潘谈会都会定期邀请一位行业领军人物前来对聊，比如李开复、俞敏洪、雷军、刘强东等活跃在一线的明星企业家，话题涉及广泛，从创业到学习，从生活到理想。

地产商人潘石屹凭借自己的知名度和人脉，把一个看似普通的企业推广会快速辐射到不同人眼前。创业方向不明晰的创业者来此寻找途径，粉丝赶来享受见面合影福利，迷茫的年轻人渴望在这儿获得些许正能量，也有人开始将它视为翻身的机会之地。毕竟，一个卖情趣内衣的姑娘在这里通过给潘石屹送情趣内衣，现场获得了数位投资人的青睐，且很快登上了中国财经类报刊的新闻头版。

人们喜欢这样主题的故事——短期内把不可能变成可能。这也符合潘谈会设计的初衷，引领大家去分享交流互动，让不同的人之间产生关系，催生更多不可预测的可能性。

⫿ 鸡汤加进了干货

当天的话题围绕公益推进，谈及两人的交集，潘石屹说，"我跟姚明有一点是相通的，我们的价值观是相同的，我们认为一个人要成功，付出和得到之间是一个平衡。你不想付出的话，任何东西都得不到。"

他曾邀请姚明跑步，姚明拒绝了，理由是脚上面打着31个钢钉。"一只脚上31个钢钉。"潘石屹重复了一遍，"做任何事情都是非常辛苦的，创业辛苦，打篮球不辛苦吗？"

在路上旅业副总裁徐东坐在台下，对这段话印象深刻，"你就能真真切切感受到那种付出，不是说书里看到的成功学或者什么的，31根钢钉，多有说服力，成功的人确实比你付出多，没做好你就得反思自己做得够不够。"

70后徐东是潘谈会的铁杆粉丝，相比他曾经咬牙坚持听着的学术干货类商业知识分享，潘谈会显得轻松、随意、鲜活、更有说服力。在什么人适合创业这个话题上，王功权曾在这个舞台上跟创业者反复强调，"必须要有天生的基因，真正适合创业的人非常少"。这让徐东反思了好久，他曾做过物流和运输，刚开始的两三年都收益颇丰，但在后来变换的市场环境里丢失了优势。他一直觉得自己好像有点运气不好。

但现在，他把这些归于自己没有创业基因。"我执行力很强，但缺乏大局判断力，市场环境变的时候，竞品总能根据政策快速调整方向，我看到消息也没什么反应，等反应过来的时候已经迟了。"徐东说，那次潘谈会以后，他才算认清自己，相比领头羊，自己更适合做追随者。

在潘谈会上，他习惯性地记录一些大佬对趋势的判断，比如潘石屹对中国经济发展走向的分析，王兴对O2O（线上到线下）的解读，刘强东对电子商务未来发展的预测，"对创业者、高管，这些人对大势的判断还是值得一听的。"

当天参会的人员身份迥异，有从深圳专程赶过来的创业者，有江西到北京出差插空来听的公务员，有纠结要不要加入创业公司的高管，也有不少姚明和潘石屹的粉丝，以及三四十家媒体记者。在历次潘谈会观众中，创业者是最核心的组成。主持人姚长盛告诉《博客天下》，每场报名人数都在1500人以上，而场地只能容纳四五百人，雷军来的那场，报名人数达3000人左右，现场来的人太多，以至于最后惊动了警察。

那次，有位大一学生当场提问，在IT非常火的时期，应该先去公司学习两年，还是顺应这个潮流加入创业。

雷军迫不及待抓起话筒，称终于有机会能解释一下这个理论。这个问题的背后是CEO（首席执行官）雷军最有传播力的一句话——站在台风口，一头猪都能飞起来。他用了很多字词解释这个概念，强调飞猪的前提是需要在一个领域至少苦练一万个小时。作为互联网的被颠覆者，雷军说自己用了长达10年的时间在思考什么是互联网，琢磨透以后才创办了小米。他告诫台下有志创业的年轻人，千万不要迷信机会主义。

前来当观众的年轻人，问题大多雷同。姚长盛总结为三方面，"第一我如何才能成功，变成跑在第一阵营里面的一个兔子。第二我如何能活下去，有很多人面临活的问题，而且我这个活能不能有个捷径，比如今天我见到你了，我希望有一个捷径。第三一般是个人问题，比如说我个人应该干点什么、学点什么，到底应该在公司里还是创业。"

相较年轻人对创业的热情和自信，大佬们显得更为务实、理性、保守。雷军曾一上台就给创业者接连泼凉水，比如，"创业不是人干的，是阿猫阿狗干的事情""一个正常人绝不会选择创业""选择创业就选择了一个无比痛苦的人生"。冯仑则把创业之路比作"真爱遇上鬼"，认为创业成功是极小的概率，他提到的一个有力的数据是，从A轮到成功上市的公司概率是十七万分之一。王功权规劝年轻创业者可以有梦想，但不能成为梦想家，"不要谈马云，马云跟你一毛钱关系也没有，有个说法是对一个开餐馆的来说，先追求你做的东西比对面餐馆的东西好吃。"

作为成功的企业家，这些大佬在潘谈会的舞台上更多在传递如何正确面对失败。冯仑直言当下年轻人理想被雷布斯故事歪曲，成功的标准变成了挣钱和上市。他告诉年轻人，人生最重要的修为在于，"在不成功的时候，你怎么样成功地对待自己。"俞敏洪用自己曾经失意的青年时代跟观众强调，"所有人只在乎你的成功，没有人在乎你的失败，成功背后失败更多，要保持一个向上的好心态。"

一点鸡汤、一点创业干货、再带点个人困惑，正准备创业的王岩感觉潘谈会就是一场老友聚会，在聊些普适性的话题，什么人都适合听，而且相对入场门槛低，相比一般这些大咖出席的企业家年会、经济论坛、高端访谈一类的活动，在这个场地里更有机会跟这些人近距离交流，"举手二三十个人，你被覆盖到的几率还是比较大的"。

"一场见面会。就是60后已经成功的一拨人，被人过去仰望的一拨人，愿意趴下身子来给现在正上坡的一拨人一个对话的机会。"主持人姚长盛概括道。

⫶ 废话也能醒脑

大屏幕里出现了多张姚明的大头照，有呲牙咧嘴笑的，也有一脸蒙状的。姚长盛右手一抬，说，谁能模仿赶紧上台，我们有奖品还能合影。台下举手被选中的人们一拥而上，自称姚明粉丝的男生在台上拽着姚明的胳膊，坚持要单独合影，直到被两位保安拖着下了台。

坐在台下的张帆心里有点懊恼，后悔自己没冲上去。他是潘石屹的忠实粉丝，为了见偶像，他曾申请过三次潘谈会，这次特意给潘石屹和SOHO官方微博私信才拿到电子入场券。他看过好几遍潘石屹写的《我用一生去寻找》，想问问偶像，他的一生到底最终想寻找些什么。活动结束后，他快速冲到后台想合影，被好几个保安挡了回来。保安臂力太大了，他推都推不动。"太失望了。"这位游乐园组装工人带着沮丧的语气说，"真的好可惜的。"

粉丝只占观众席很小的比例，他们的需求也相对简单，就像张帆说的，"见一面，感受一下这个人，再合个影。"

占据绝大多数席位的创业者对潘谈会有更为实际的需求——找人找钱、推销自己的产品。"有人把它当做融资的见面会，经常拿着商业计划书过来，也有人把它当做营销平台，跟大佬合一张影就变成了我的一张海报或者一个公告栏。"姚长盛说。

在记者接触到的所有创业者里，他们的办公室或者电子宣传册上都有潘石屹的照片。这位商界大佬还曾为个别创业项目代言。也有极端的例子，江苏一位餐厅老板曾多次出入潘谈会，然后把跟这些名人的合影挂在餐厅入口最显眼的位置，吸引了不少回头客。

90后唐欢把潘谈会称为"一个会给你带来很多机会的舞台"。两个月前，这位打着90后F杯标签的情趣内衣创业者，穿着一身碎花旗袍，在潘谈会的舞台上给潘石屹送了一个四件套的情趣内衣盒。当潘石屹拿起其中一个黑色蕾丝边内裤时，现场欢呼声四起。会后，五六位投资人找唐欢询问有关团队、销售、创业愿景的情况，其中一位当场决定投她100万元，理由是"情趣内衣大多没什么品牌，潘石屹拿起来的那一刻起，你的品牌就有了价值"。唐欢至今还没接受那100万元，觉得自己没想清楚要怎么做这个事。

会后的很长时间里，很多陌生人加了她微信，有寻求合作的，也有聊创业感想的。唐欢同时进了很多创业群，参加了一些比较有分量的创业分享活动。前段时间，有朋友过生日，她给做了一个鲜花蛋糕，毛大庆拍照发朋友圈感叹蛋糕也成了艺术，唐欢答应毛大庆生日时也送他一个。

见面当天，一位创业孵化器的工作人员正约唐欢谈事，有意邀请她加入新创业项目。"我觉得现在我什么都敢想了。"唐欢告诉《博客天下》。一年前，她还是医院的小护士，懵懵懂懂开始在淘宝和微信上卖情趣内衣，靠着不错的颜值和身材吸引了些许顾客，但整体上她对创业没什么概念，不知道以后要发展成什么样。在那次潘谈会后，她感觉自己一步踏入了创业圈，并接触到了顶级资源。"潘总、任总、庆庆哥，这些人等我创业有目标的时候我觉得都可以去拜访，以前这是不敢想象的。"她沉默了几秒，接着说，"其实我现在也在等（潘谈会）有更好的机会能去有一个互动。"

投资人也在这里搜寻可能的潜力股。王功权、李开复、阎焱都在这儿收到过很多封商业计划书。每次潘谈会后，潘石屹会带着嘉宾绕着SOHO3Q走一圈，遇到一些新创业项目，嘉宾都会习惯性地以投资人身份，问问对方做的什么、市场反馈如何、将来有什么打算。

更多人在这个场所结识新友，人们在会前会后积极换取名片，以期获得可能的合作机会。徐东经常在潘谈会上主动加一些觉得靠谱的创业者微信，行业分布从金融、旅游到餐饮、智能硬件。闲下来时，他会翻翻这些人的朋友圈，看看现在在玩什么，有不懂的则会直接微信跟对方聊聊。"大家都是一个层级，也愿意去交个朋友，互相帮得上忙。"徐东说。虽然目前这些创业公司都不是自己的客户，但他相信跟这些正在快速发展的公司将来有无数可以合作的机会。

专做一体机的智酷CEO姚震极少参加类似活动，2015年他曾花5分钟时间在潘谈会上讲解自己的产品。推广之外，姚震觉得潘石屹、王功权这批人的创业经验几乎没有任何借鉴性，只能当故事听，最多学学潘石屹这些企业家做人做事的态度。"去一次听听就够了，创业者精力有限，没多少时间能去参加活动，那个场合很难有非常实际的收获，除非你能拉着他把自己的具体问题说一说。"

也有特例。上海一家金融公司做销售的李婷婷，在参加完外滩SOHO的潘谈会后，她的月销售成绩从两三百万增长到一千万多。她把这一切归功于潘石屹的那双手。"软软的，很温暖。"在她上前要求跟潘石屹合影时，潘石屹主动伸出了右手，并带着笑容跟她说"你好"。"我记得很清楚，那是右手"，她在电话里兴奋地还原那段经历。那天，李婷婷看着潘石屹站在天台前，前后跟几十个上前合影的人握手、问好，态度始终如一。

"成功在于细节"，回到家后，李婷婷跟朋友念叨，一个大老板怎么能做到把自己放那么低。她反思自己，作为销售，常常觉着过于礼貌似乎有点放低自己。现在，她会经常跟客户问好，客户来公司时她会提前备好恰当的饮品，并直接到楼下车库，为他们摁好电梯，这让一些客户对她印象深刻，并在事后发微信表扬她的用心。而过去，她只会在办公室等着他们。

王岩曾参加过两场潘谈会，嘉宾分别是俞敏洪和冯仑。他对机场打着这些人标签的鸡汤书籍深恶痛绝，认为这些人经常说些"正确的废话"，推崇的"活出不一样的人生"观点让更多人陷入迷茫，老想着能不能做点大事。在俞敏洪那场会后，王岩记住了俞敏洪强调的一个词——守正出奇。这位一手创办了中国最大培训机构的CEO，用自己的实际经历告诫创业者，创业必须坚守底线，守正就是要坚持做正确的事，出奇要求你同时尝试一些意料之外的打法。

王岩在2014年初曾参与到朋友的创业团队里，前后参与公司的两轮融资。在长达10个月的融资过程里，他听到最多的就是圈钱、上市，天使轮、A轮的投资人要求他们三年内尽可能上市，产品变成了融资的工具，成了一种衍生品。刚开始看着自己的股份越来越值钱，他觉得特兴奋，总盘算着上市后自己好像也能变成千万身家，朋友间的饭局也变成了股市研讨会。最终因为团队内部分歧过大，王岩离开了。

在听完潘石屹跟俞敏洪的分享后，王岩跟朋友嘀咕，有时候听听废话也挺好的。

"现在大家都说快快快，好像你慢一下就错过几千万，这些人就特一本正经地跟你念经，跟你说什么是正确的事正确的人生。"说这些话时，王岩正坐在咖啡厅里，桌牌上写着"为万千创业者提供最好服务、最新资讯……"他指着桌牌对《博客天下》说，"现在大家都这样蹦蹦蹦，咖啡厅是创业者的，餐厅是互联网思维的，这个概念远比好吃重要。他们（潘谈会上）说的可能确实挺无聊的，没事去听听挺好，指不定哪句能让你醒醒脑。"

⫴ 可能的爆点

姚明给潘谈会的观众分享的，则是自己做公益的一些认知和感触。比如，每100人里就有3个智障，每次去农村支教，对方都会为他做很多"特殊欢迎"式的准备工作，这让姚明质疑自己是否还应该亲力亲为。

聊起这些，他表情严肃，用词严谨。在潘谈会的嘉宾里，姚明算是一个特例，他很难像其他企业家那样侃侃而谈，面对现场的观众和十多个镜头，显得有些拘谨。

为调动气氛，在活动开始二十多分钟后，主持人姚长盛很快将话题转移到体育和运动。拥有完美身材的健身教练Tony被请上台，亲自示范了俯卧撑的标准姿势，并告知大家潘石屹现在一小时的俯卧撑纪录是1311个。感叹声此起彼伏，现场的气氛重新回到了高点。

一位房地产界最有运动能耐的商人，一位中国最具实力的篮球明星，人们似乎都在等待一场巅峰对决。但姚明很快以做不了为由拒绝了主持人的提议。主持人接着问他，"能不能教大家转球？"

姚明摇摇头，说"我不会"。这样的回答让现场的很多观众吃惊，连活动的策划团队都深感意外——一位职业篮球运动员竟然不会转球。

每次前期策划时，SOHO中国的推广团队都会根据采访对象设计一些互动游戏，内部她们将此称为"小亮点"，比如姚明这场根据他的条件，策划了东亚表情包模仿秀和现场转球、俯卧撑环节，这些环节是每场活动的高潮。"我们最早定的风格就是轻松随意，不能是教科书那种干货分享，主要是一种经验和情感的表达，同时输出价值观，所以我们需要设计一些能调动现场气氛的小游戏。"

这些"小亮点"基本都是每场活动最利于传播的热点。最成功的，自然是送情趣内衣那次。活动结束后，以"潘石屹接到情趣内衣后说了什么？"为题的文章疯传，至今在百度搜索上保持43300个搜索答案，以至于那场活动的嘉宾李开复，看到新闻后跟主持人姚长盛抱怨，"看报道跟我没参加一样。"

姚长盛介绍，为保证这些亮点被抖出来时有真实感，事先都不会告知潘石屹和嘉宾具体的设计，但不被告知也意味着不可控。

在上海的一场潘谈会上，活动开始让潘石屹和一位女性创业者玩真心话大冒险，潘石屹输了，姑娘让他脱了一件衣服。第二轮姑娘输了，潘石屹脱口而出，你也脱。姑娘就穿着一件T恤，尴尬地站在那里，台下开始打口哨，现场气氛瞬间有微妙的拉升。

主持人姚长盛把这种尴尬称为"可能的爆点"，"尴尬有了就先压下去，再起来"。对于现场把控，十多年电视主持经历让姚长盛应付自如，他以找一个男人上来顶替女孩脱来收场。"一脱，八块腹肌，潘石屹手伸出去要碰不碰，最后就变成了那次活动传播力最强的一张照片。"

除了这些活动现场的热点设计，在话题和嘉宾上，潘谈会操作遵循媒体法则——紧跟热点。雷军来讲的那一场，正是网友戏谑他那句带着浓厚口音的"Are you ok（你好吗）"中式英语丢了国人脸时。为呼应热点，活动前策划团队请来乐队，在开场表演了当时B站非常火的Are you okay鬼畜音乐。雷军听到后，脸唰的一下拉下来，陪着他的工作人员心里捏了一把汗，担心他一生气现场走人，或者对谈没状态。好在后来因为潘石屹主动的一句"Are you ok？"，雷军表情舒展了很多。

对SOHO内部来说，潘谈会服务于共享办公的3Q空间，活动主题也服务于这个空间的主要人群。一年前，北京上海的3Q空间入驻了大量的创业公司，潘谈会的嘉宾和对谈话题也基本全部围绕创业展开。2016年创业热度下降，入驻SOHO的创业公司占比下降40％，取而代之的是更多中小型公司，甚至大型公司。

现在，潘谈会的主题越来越多元，2016年文化创业热度高，团队很快策划了一期网红对谈的话题，近期则打算围绕即将举办的奥运会做点相关的策划。更多的时候，他们会根据邀请嘉宾的兴趣点以及和潘石屹的共通点，去选择主题。比如姚明，近几年一直热心公益，也成立了自己的基金，而潘石屹也因公益捐助在过去两年饱受争议。所以，这期话题对谈以公益为主线，穿插创业、学习等其他话题。

这个话题推进还算顺利，直播平台花椒APP上的粉丝数从十几万开始快速上涨，到半小时冲到了两百多万，这让后台负责人、花椒项目合作运营总监崔延一度有些错愕。她的设想里，这场直播应该在百十来万。企业家不比明星，死忠粉还是少些，何况是公益这一类带有社会责任意味的话题。但最终这场大佬间的聚会式闲聊吸引了300多万流量。"人物本身自带光环，内容主题虽然是公益，但都以个人经历去推进，没什么套话。形式上亦动亦静，平均二十多分钟一个小游戏，气氛轻松，很容易赢得年轻人的追捧。"崔延这样总结。

致力于研究新媒体传播的一招创始人大尤参加过三次潘谈会，认为这个活动最大的优势在于真实。"它是一个超级真实的现场，访谈类很多时候是比较精细化的设计，比较认真的制作，潘谈会就没有太多的加工，很多还是现场提问。这些大佬在媒体前可能还戴个面具防备些，他们跟潘总是同一频道的人，聊天就会更放得开，更真实。"

潘谈会现场，为支持创业，潘石屹免费赠送李开复一间 3Q的办公室。

（2016.7.15）

大佬都在潘谈会上谈了什么？

冯 仑

万通控股董事长

　　没有什么一定成功的道理，因为在这个创业路上就像张爱玲讲的"真爱就是撞上鬼"，鬼这件事上每个人都在说，但谁都没见到过。每个人都说自己真爱，实际上就相当于撞到了鬼。所以这是特别小概率事件。中国有2000万家公司，上市的只有几千家。他们告诉我一个数，说A轮到上市大概十七万分之一。所以不要以一定成功来决定说这件事放弃还是不放弃，实际上就是你真正有自己的价值观，或者财务能力还可以，就坚持下去。

　　创业干的都是像农民工一样的事，过去我们认为创业的感觉叫"流离失所"，现在创业的感觉像进洞房，还要穿婚纱，还有亲朋好友的祝贺，另外还要大吃大喝，最后还喝醉了，抱着谁也不知道。我觉得这其实有一些错位，所有你看到电视里拍的都是就像我们看到别人谈恋爱一样，其实那是个幻觉，进洞房容易，过日子难，一辈子有幸福更难，最后还能幸福得在回忆中死去更是难上加难。

阎 焱

软银亚洲投资基金首席合伙人

　　美国统计中发现，你入行做VC投资到你成为独立靠谱的投资决策人大概需要12.5年。在中国，我们现在有这么一个经验的累计，你在行业中间要做一万个小时，投一亿美元以后，你基本上才是一个比较靠谱的投资人，这一万个小时差不多11年。所以创业投资这个东西，全世界没有任何商学院可以说让你学完一门课一定赚钱。创业和投资是孪生兄弟，基本是手艺活，是经验积累和个人感受的东西。比如好多人忽悠说，拥抱90后，放弃70后、80后，但我可以告诉你，我们统计的数据是创业最成功的年龄绝大部分是在32岁到38岁之间。

　　你要创业成功的话，你的目标市场一定要大。巴菲特讲投资蛮简单，就是滚雪球，就是你要发现一条很长的雪道，最好是稍微湿一点，这样滚就能滚起来。创业跟你们想象不一样，往往好的创业成功的东西都不是特别艰难的东西，你天天像受刑的时候，这个东西不太够，好的东西就是你一进入对，就有一个自循环的过程。

雷 军

小米科技创始人

　　飞猪理论是我提的，最近也成了批驳的焦点，说我是机会主义者。可能大家对整个我讲这句话的背景不了解，我觉得第一点的话，任何人成功，在任何的领域都需要一万个小时的苦练。所以，大家千万不要忽略今天在空中飞的那些猪他们都不止练了一万个小时，可能练了十万个小时以上，这就是大家被忽略的前提。第二个，飞猪最最关键的问题是什么呢？是有很多勤学苦练的人只顾得上埋头拉车，顾不上抬头看路。当我们很羡慕成功者的时候，千万别忘了他们只是一头猪而已，包括我雷军在内，小米不管多火，我们就是在空中飞的猪，没什么，赶上这一拨了。我1989年开始创业，到今年干了25年的时间，我作为干了好几拨的创业者来说，我认为风口是成功的关键。

王功权

鼎晖创业投资基金合伙人、创始人之一

　　记住，自从你领着团队创业开始，实质上你至少要有三分之一到四分之一这样的时间去考虑企业的资金问题。很多的创业者是这样的，我搞到一笔钱，然后就拼命搞。你以为只要你搞好了，下笔钱一定会来，但是每一笔钱都不是那么容易来的，你从开盘到资金进来，差不多有两三个月，有的时候甚至还不一定能顺利的进来。所以一定是时时刻刻绷住一个弦，就是你的资金链条不能断。

刘强东

京东集团首席执行官

创业者一定要找到一个适合自己的发泄方式，但是不能违法犯罪。我的减压方式有两个，第一个喜欢穿越沙漠，因为沙漠里面不受别人干扰，可以好好自己思考，最长一次我十八天不出来，很多时候压力靠别人排解很难，在那儿你要说服自己坚持下去才有动力。第二，我会喝一场大酒，喝的晕晕乎乎的，第二天早上起来觉得也没什么，太阳照样升起来，日子还要过下去。有什么坚持不了的？每个人可能发泄的方式不一样，但是每个创业者一定要找到适合自己的发泄压力的方式，让自己重新回到正道上去。不能死扛着，就像大坝，没有排水管道，一直修一直修，大坝一定会崩溃的。

潘石屹

SOHO中国董事长

　　我觉得网红变现是一件特别危险的事。因为网红是发表你的观点，你这个观点要客观、公正、中立。如果你是想靠你的影响力、靠大家相信你的思想与观点，去换成钱，这个事情我觉得是非常可怕的。我曾经连续两年公布北京PM2.5（大气中直径小于2.5微米的可入肺颗粒物）值，通过我的坚持，取得了大家的信任，多少人来找我代言空气净化器的品牌，我说一定要离得远远的。如果我把别人对我的信任，马上就转变成商业价值，变成钱了，我觉得于心不忍，也不应该这样做。一个网红最重要的价值就是发表自己有价值的观点，在于他的批判性，不是说这个产品如何好，而是说别的产品如何的差，把它的缺点、错误指出来。如果说通过他的影响力，通过他的专业知识，能够让人避免上当受骗，我觉得这就是网红变现的正道。

（2016.7.15）

潘石屹：人要舒展，但不能太舒服

这位53岁的商人在互联网时代随潮流而动，以创业者的身份重新要求自己。

文/李天波　图/尹夕远　编辑/王波

53 岁的潘石屹越来越享受跑步，2015年他计划再参加一次全程马拉松。

2015年8月8日，北京奥林匹克森林公园，潘石屹参加一场跑步活动。

跑到35公里的时候，潘石屹觉得身体到了一个极限。眼前又是一个长长的上坡，天气闷热，一丝风都没有，稠乎乎的空气好像黏住了。潘石屹抹了额头一把，汗水凝结，手里全是细细碎碎的盐粒。身体越来越重，全身乏力，喉咙发紧，石子路硌得脚疼。

那是5月初在布拉格的一场全程马拉松。赛道四分之一上坡，四分之一石板路，硬度偏大，不够平整，对体力要求极高。潘石屹明显意识到，35公里处身体到最难突破的那个点了，觉着有点儿跑不下去了。

从北京大老远飞过去，潘石屹就为跑这场马拉松，半途而废似乎对不起自己。他告诉自己，一定要跑完，走也要走下去。此后他调整节奏，走100米，跑500米。到快40公里的时候，他感觉身体恢复了一点，全身毛孔张开，可以一直慢跑，舒服了许多。

这个过程被他称为跟痛苦的对抗，是一种与身体不适的长时间较劲，最终考验耐心和毅力。"过了最不舒服的一段，突破了，你才能到这个终点。"他告诉《博客天下》。

在潘谈会上，他常以长者的语气提醒年轻人，"人还是不能太舒服，舒服久了就会出问题"。

过去两年，这位年过半百的房地产商不断试新，主动推着自己走出舒适区。商业上，他频繁拜访互联网公司，参加年轻创业者的聚会，学习最新的技术研发，带领团队加速SOHO中国转型，发力共享办公的3Q。生活上，他节食养生，每周跑近200公里，每天坚持做俯卧撑，最好的纪录停留在一小时1311个。

在新的一波创业浪潮里，这位传统的房地产商人顺时而动，以创业者的身份重新要求自己。

||| 待在舒适区你会死

采访约在光华路SOHO的3Q空间。这是一个全开放的空间体系，所有的办公室都用玻璃包围而成，两边摆设着很多绿植，开放办公区一排排长桌错落散开，中间的休息区有很多颜色不一的沙发，以及全天供应热的茶水和零食。

这里最大的便利在于可以随时租用其中一个工位或者一个办公室，租期不限，并享受空间内的一切福利，比如成为3Q会员、加入3Q创业者群、获得跟潘石屹对话的机会等。

坐在竹子旁的透明办公室里向外扫一眼，周围的环境一览无余。过去两年，潘石屹基本将所有的心思花在搭建这个空间里。他得意于自己的产品，"互联网时代，这个人啊一定得分享交流，你一个人什么也做不到。"

他常常跟人念叨，未来是互联网的，更是年轻人的。两年前，在互联网冲击下，大多商业中心出现亏损，房企高层人人都在聊如何拥抱互联网，SOHO也面临转型难题。

2014年年底，潘石屹去国外考察，看到Wework的众创空间模式，认定互联网将改变房地产空间资源浪费的问题，回来就宣布尝试做共享办公空间。"他很有决断力。"3Q总监方力维回忆，从宣布到落地，前后就3个月时间。

刚开始潘石屹心里也没什么底，担心自己的方向对不对。他总提及昔日一位创业老友的故事。当年BP机很火，朋友看中这个市场，放弃房地产改行去做BP机寻呼台，结果刚建好，手机上市了，公司很快倒闭。

"你产品的大方向要错了，整个全盘就完了。"潘石屹总以此告诫自己，待在自己那一片舒适区很容易被淘汰，一定要多学习，从长远去分析判断，决不能固步自封。

为了学习互联网，他频繁出入互联网大会，积极引入UBER、美团、陌陌、饿了么等互联网创业公司入驻SOHO，并给自己定下考察任务，一星期拜访十家互联网公司。

他的低姿态让创业者印象深刻。在路上旅业副总裁徐东记得，潘石屹来公司问了一堆有关互联网跟旅游结合的问题，考察结束往外走的时候，有员工请求单独合照。"好。"潘石屹回答，然后站在原位保持一个动作，跟"差不多一百多人"合了影。原定20分钟的考察最后延长了近一个小时。另一次，在跟饿了么合作的营销活动里，饿了么CEO张旭豪因为见投资人迟到了，穿着美国队长定制服的潘石屹等了整整一个小时。正是6月最热的时候，那一身行头四五斤重，里面全是棉花填充物，没一会汗就透了。两边公关都担心他生气，他笑呵呵说没事，张旭豪到场以后，二话没说，拉着一起出去送外卖。

拜访到20多家公司的时候，潘石屹开车从中关村到北京航站楼，突然觉得心里有些莫名其妙的沮丧。那天，在中关村创业大街上，他从早上开始，跟一堆年轻人一起聊了七八个小时，很多人跟他聊的不是怎么赚钱，而是怎么烧钱。这让在传统行业起家、素有"潘老财"之称的潘石屹深感困惑，"我一个60后，50多岁了还要跟这些90后的再来一起混，向他们学习吗？"

等拜访到差不多100家公司的时候，潘石屹想通了，觉着自己过去就是偏见。"投资人又不傻，大家看的还是未来，未来你这个商业模式成型才会给你钱烧，现在五六年不赚钱也没关系，互联网带来的还是对你观念上的一个冲击。"

偏见是最可怕的，他说，一定要保持跟外界的交流,及时改变自己的思维。"他不惧怕推翻自己。"方力维回忆，SOHO3Q刚上线时，潘石屹特别坚持所有的交易要在线上完成，认为没有网银的公司不是自己的客户。实践一段时间发现行不通，国内大多数公司需要合同去请款，拿到发票后才能打钱。在内部高层会上，潘石屹主动承认自己决策失误，很快在付款模式上补充了线下打款途径。

"你看，王石已经不干了，冯仑早就不干了，像我这么大岁数的人还在干的，学习上不能落后。"现在，潘石屹更多以创业者身份自居，过去的成功成了他最大的负担——"成功的人做一个新的事，成功不了怎么办"。他正在努力放下这些心理包袱，让自己重新归零。

光和派创始人朴俊红跟潘石屹合作过几次活动，她感觉，潘石屹这些大佬骨子里就是创业者，永远不服输，希望自己永远能面临挑战、驾驭挑战，本质上对创造新的价值、实现突破性创新有偏好。"就像跑步，很多人看到别人跑，因为害怕掉队会跑起来，他们从一开始就定位自己是主动的领跑者，现在可能跑不到最前面了，他们也会主动参与进来，实际上他们就是弄潮儿。"

⫼ 他们慢慢会理解的

过去一年，潘石屹花了很多时间跟年轻人在一起，主动搭建了潘谈会平台。最近，他又忙活着让公司定期搞个饭局，邀请年轻的创业者过来，一起坐下来吃饭聊天。"年轻人倡导的东西，一定要认真对待。"为跟上时代，这位60后企业家正在俯身努力融入年轻人的天下，不管是看他不怎么有兴趣的《欢乐颂》，还是跟自己没弄明白概念的网红一起对谈。

"精力特别旺盛，心理年龄是1985年的。"潘谈会主持人兼潘石屹好友姚长盛感叹。有时候参加活动，看潘石屹跟三百人合影，也能保持同一个表情，做出标准的潘式笑容，他看着都觉得累。

潘石屹心态尽管开放，他也有不能理解的时候。两个月前，潘谈会组织了一场网红专题的对谈，请来同道大叔、Ayawawa等拥有百万粉丝的网红做嘉宾。在台上，靠星座学爆红的同道大叔和情感博主Ayawawa，从网红IP的孵化、运营聊到粉丝的维系、变现。潘石屹听完，有点想不通，"粉丝怎么能变现呢？"

谈到这里，他的语态变得严肃，"我觉得这是一件特别危险的事。"在他看来，网红真正的变现价值在于批判性，应该通过自己的专业知识，给大众指出哪些产品不好，让大家避免上当，而非给大家推荐各类产品。

他想起过去，他们这些被打上大V标签的人，微博上关注打拐、环境污染、儿童午餐、教育医疗改革，私下聚会也是围绕这些，在饭桌上吵得不可开交。他曾连续两年在微博发布PM2.5数值，呼吁大家关注雾霾。

他承认，大V也有阴暗面，偷偷摸摸可能背后挣点演讲费，但至少都藏在心里面，是"不敢摆上台面说要靠大V的影响力挣钱的"。潘石屹两手一摊开，"现在大庭广众之下就把粉丝给卖了"。

曾有人跟他说网红和大V是同一回事，都是通过互联网平台获得大量粉丝的人，现在他持反对意见，"大V和网红还是有本质区别的，大V是批判权威的"。

潘石屹至今还没理清，为什么研究星座和面相的人能有这么红。潘谈会现场，情感博主Ayawawa称自己最近在研究面相，她指着潘石屹的脸说，"潘总的桃花也不错。你们知道怎么看桃花吗？看他的卧蚕，这个越大的人桃花越旺"。

说起这事，潘石屹语调突然抬高，"看脸给人测运气不就是算卦的吗？！"他寻思跟李开复一起关心关心年轻人，或者关注一下科学技术，都是挺好的事。现在遇上了算卦的年轻人，他有些懵。

对于年轻人的趣味转向，潘石屹着实有些无奈，"吃饭照上一张发过去，照一个花，发过去，没有任何价值量的，就是为了好看，就是一个低级趣味"。天天发这些到底有什么价值，他有些担心，当这类网红占据舆论主导地位的时候，标志着整个社会的堕落。

不能理解的事还有很多。比如，一对夫妻曾带着很多阿胶，请求他给他们刚大学毕业的儿子说道说道，怎么才能成功。潘石屹给对方送了一本书——《苦难是创造力的纬度》，跟人强调，失败的时候得到的智慧和经验，远比成功时得到的自我满足感要多很多。

身为房地产商，他也常被问及买房问题。有90后直接问他买不起房怎么办？也有男孩跟他抱怨，买不起房恋爱都没得谈。更夸张的，他弟弟的同学有两套房子，直言有三套房子才能谈恋爱。

这些说辞让潘石屹震惊。他想起自己二十多岁的时候，住在深圳的集体宿舍里，没房子也没觉着有多大的问题，该恋爱恋爱，该结婚结婚，也觉着挺好。他纳闷，谈女朋友不是为了爱情嘛，怎么30年过去，最后全部落在房子车子上。"人还是要有点精神追求，哪怕你用三分之一的精力追求爱情，也不会天天（说）房子、车子这些东西。"

说到这些的时候，潘石屹停顿了几秒，若有所思地对《博客天下》说，"当然这些话你写出来可能很多人骂我，'你是站起来说话腰不疼'"。

他知道自己反复说的这一套理论没多少人能理解，比如成功的标准是对社会贡献了多少、做企业要选择对社会和人类发展有价值的事、把心思花在股票上的公司迟早完蛋。

不理解的话，坚持说有什么意义呢？"聪明一点的人慢慢都会理解。"潘石屹语态坚定，认定这些从自己30年下海经验里提炼的认知有绝对的借鉴价值，毕竟，那些违背这个逻辑的同行早都没了踪影。

他的变化能力和柔软程度超乎想象

采访当天，潘石屹在朝阳公园跑了20公里。相比三年前勉强能跑2公里，他进步显著，成绩单里包括三次半程马拉松，三次全程马拉松。他曾在纽约马拉松后，对着刊登着上万选手姓名和成绩的《纽约时报》，在密密麻麻的字母里找到了自己名字。那种久违的成就感让他兴奋了很久，"它是一个跟你意志力的斗争，跑完你就觉着再碰到什么困难也能克服了。"他喜欢这种跟身体慢慢较劲磨合的过程，适度痛苦，适度享受。

他的身体条件原本并不好，从小体育成绩基本没及格过，大多第二学期补考才能勉强达到60分。刚开始健身计划时，他甚至做不了一个完整的俯卧撑。而现在，他每天至少做一百多个标准动作的俯卧撑。

他的意志力让教练Tony印象深刻。那次测评，每一组145个，潘石屹做到差不多五六组的时候，汗如雨下，整个衣服能拧出水来，他弯着身坐在凳子上，呼吸急促，说自己不行了。Tony鼓励他，你还可以再试试的，潘没说话，起身继续，胳膊和身体越抖越厉害，就这样一直做到了第9组。测评完后，整整三天，潘石屹缩着肩膀，耷拉着胳膊，直不起来，Tony从座位站起来模仿，就像大猩猩走路一样。

"他特别特别能坚持，很多人会说我不行了。" Tony说，潘石屹的执行力超出他的预期，从三年前接受健身辅导后，潘从来没有当面对他的要求说过一次NO。这在他的学员里并不常见，他的学员大多是精英，训练计划常常因出差或者开会被打乱或暂时搁浅。

开始健身后，潘石屹每天喝3升水，五杯果汁，饮食多以碳水化合物为主。偶尔，他会偷偷吃点面条，在西北长大，他对这种食物有习惯性偏好，曾直言"一天能吃一碗面条就是一件幸福的事"。每次Tony发现潘石屹的体重有增长的时候，都会问他是不是又吃了面条，他笑笑，Tony要求每天再加一组俯卧撑，他说"好"，立马俯身下地。

"我已经好久没吃面条了，现在改吃米。"潘石屹告诉《博客天下》，带着像小孩汇报成绩单一样的口气。

他对体重还有些许不满，想着再瘦两公斤，尽管过去三年他成功甩掉15公斤脂肪，体重从80公斤降到了65公斤。

他的健身效果让外界惊叹，跑步和俯卧撑几乎成了他的新标签。在黑龙江响水出席活动时，当地领导知道他做俯卧撑的能力时，嚷着要找来武警跟他比试比试。而在大多数公开场合中，他都被要求和年轻人一起做俯卧撑，他从没输过。

"他还是一个对自己有要求的人。"姚长盛回忆，三年前潘石屹刚张罗跑步时，他没怎么在意。那会儿，企业圈里好多人响应健康主题，说要跑步，紧接着频繁出现在相关活动栏的海报里，后来就没了下文，只有潘石屹，过段时间一见，说自己又进步了多少。

每天坚持运动后，潘石屹觉着心态平和了很多。两年前，他给哈佛大学的中国贫困生捐款1500万元，网上一片骂声。有个网友在微博上天天说他侵吞国有资产，偷税漏税，再把钱送给外国人。潘石屹气得不行，跟人在微博上互掐。他跑去问李开复，要不要告他，李开复说我也没想好，也有人给我造谣。他又去问韩寒，韩寒说，千万别告，人家就等着你告，一告他就成网红了。

回想起自己当时的郁闷，潘石屹觉着"特别不值"，"你做你的事就好，管他们干啥，浪费精力，当时心态还没跳出来。"2014年8月，他关闭了微博评论，两个月前，他直接卸载了手机端微博APP，"跟戒烟一样，戒了，眼不见，心不烦。"

现在，他把更多注意力放在了科学技术问题上。最近他在研究货币问题，认为货币也将受到挑战。他还专门请一位教授到公司，拉着北京、上海的员工，大中午听了一小时的区块链技术分析。更早之前，他还请过物理学家张首晟，在公司讲解摩尔定理等技术突破，文科的女员工在下面听得云里雾里。引力波最热的那几天，他跑到网上查了一堆论文，虽然没怎么看懂，但他把这些都称为"对人类进步有意义的事情"，值得长期关注。

"他的变化能力、柔软程度超乎我的想象。"姚长盛说，从一个农民、一个大学生、一个为改善生活下海的国家干部、一个从海南地产泡沫里走出来的人到一个房地产开发商、一个大V、一个创业导师，潘石屹的身份随着外界环境不断在变化，也一直能顺势而为创造新的标签，"他可能越来越国际化，哪天一口流利的英语站上面演讲都有可能。"

共享办公3Q空间茶座区，创业者在此聊天、谈生意，或者展示产品。

3Q共享办公区，可按天租赁并随时在全国任意一家3Q订换座位。

（2016.7.15）

第
二
章

潘石屹父子走出平凡世界

自小从饥饿、穷苦、屈辱之境中成长起来的潘石屹，成年后更多地表现出了包容、谦和、儒雅的一面，没有苦大仇深，也没有愤世嫉俗，这得益于少年时代家庭给予他的体面教育。

在父亲被划为右派下放到老家潘集寨的16年时间里，父亲潘诗林不仅自身与农民"保持距离"，还极力向子女灌输城市人的"文明"。当父子二人憋着劲儿走出农村后，他们对这个曾经栖息过的苦难之地，有了另外一种情感。

空间上，他们走出了潘集寨；但精神上，他们从来没有离开。

平凡的世界

文/李天波　图/尹夕远　编辑/卜昌炯　汪再兴

潘祠，潘石屹坐在小时候经常玩闹的滑梯上。

53岁的潘石屹前段时间在被子里大哭了一场，起因是《平凡的世界》这部电视剧。剧中男主角孙少安想发家致富，受到村里顽固派的抵制，他思量不通，跑到村支书田福堂家诉苦：我不就想让村里人的黑馍馍变成白馍馍嘛。

"黑馍馍"3个字让潘石屹想起了自己的中学时代，当时他天天吃玉米面做的黄馍馍，外加一份5分钱的萝卜丝，有时候连萝卜丝也没有，而别的同学吃的都是1毛钱带点肉汤的菜。那会儿，他经常梦到钱，不是现实中的人民币，而是学校食堂面值1角的红色饭票。

在北京朝外SOHO一间宽大的会议厅里，潘石屹向《博客天下》忆及早年的经历。他语速不快、声调不高，语气平静而沉稳。这里只是他庞大商业帝国的一处小小角落。作为房地产企业SOHO中国的董事长，他和妻子张欣坐拥190亿净资产，在2015年中国胡润财富排行榜上排名第77位。

他并非一个单纯的商人。工作之余，他拍电影、做主持人、写书、关注雾霾，连续11年出席博鳌亚洲论坛，这让他收获了不亚于明星的知名度。

最近，在推广为年轻创业者提供短租服务的"潘氏创业孵化器"之余，潘石屹频繁在公开场合跟人推荐《平凡的世界》电视剧。他是这部剧的代言人，也是原著小说的拥趸——前后读过7遍。每当人生跌入低潮或心情沮丧时，他都会拿出来翻看。弟弟大学毕业，他送的唯一一份礼物，也是《平凡的世界》。

第一次接触这部小说时，潘石屹25岁，正在海南经营自己的第一个小砖厂。那天，他一如往常捅饬自己时好时坏的收音机时，听到了李野默播讲的《平凡的世界》。

"我一听，呀，这个好听。"潘回忆。之后每天中午，他都抱着砖头大小的收音机听那个跟自己一样的年轻人的故事。里面描述的时代背景、西北乡村、贫困与饥饿，乃至位于半山坡上的学校，与他少年时的成长环境和生活经历如出一辙。

追听完广播后，他又跑到海口新华书店买了全套书细读。他从书里同样办砖厂的孙少安身上，获得了强烈共鸣。第一个砖厂建成半年就倒闭了，之后他又建了第二个，终获成功。他借此收获了人生第一桶金，也奠定了日后地产事业的起点。生意最好的时候，他手下有300多民工。书里孙少安对农村管理体制的愤怒以及改变贫困的迫切愿望，也经常让他产生一种"那就是我"的错位感。

出于对这本书的情感，他对作者路遥甚为推崇，认为路遥是最该得诺贝尔文学奖的中国作家。他曾专门前往延安拜谒路遥墓，并委托延安大学校长在墓前种了一棵杜梨树。杜梨树是小说里农家子弟孙少平和官员后代田晓霞的爱情见证，从初次约会到田晓霞去世前两人最后的爱情之约，都在杜梨树下。潘说，那是他阅读史里最美好的爱情。

然而，他为《平凡的世界》电视剧落泪的事，并不被年轻人理解。一位ID为"妖精的后花园"的网友，以调侃的口吻在微博上给他留言："潘大叔，您每天得喝几大桶水啊，这种戏码都能挤得出眼泪，佩服。"

"你们这样的小孩都不理解。"接受《博客天下》采访时，他对着90后的记者感叹。他坦承，少年时代的生活远比孙少安更为艰苦，最困苦的时候，因为饥饿，体虚的母亲无法分泌奶水，不得不把还在哺乳期的妹妹送人。

安静下来的时候，他看着自己今天所拥有的一切，会有一种恍惚感。"可能很难在中国找出一个经历像我一样反差如此大的人，我可能是中国社会中脱贫的一个榜样，从最贫困的地方发展起来的。"在一次采访中，他说。

他所说的最贫困的地方，指的是他的家乡——潘集寨，一个他曾经极度渴望逃离的现实苦地。

随着年龄的增长，潘石屹越来越像自己嘴里曾经"啰里啰唆"的父亲，常常念叨40多年前的往事和吃不饱饭的自己。在公开场合，他一遍又一遍讲述贫穷和饥饿带给自己的恐惧与动力。

‖ 潘集寨

从天水市火车站出来，一路打车到潘集寨不到20分钟。两边几乎光秃秃的黄土丘陵上，稀稀落落看得见一些树木。潘集寨位于天水市东部麦积山区，东面临近渭河，背山面水。潘石屹成名后，很多人称之为风水宝地。

潘石屹伫立在山顶上，感叹村子这些年的变迁。

这个潘石屹记忆中苦旧而保守的村落，已被镀上了现代文明的金边。跟很多城乡接合部一样，潘集寨村口两边被五金店、杂货铺以及超市、麻辣烫摊位等挤得满满当当。村口处还有两个烧烤摊，一群小姑娘叽叽喳喳围站在前面，讨论着到底是要油炸还是炭烤。入村的一条路宽约6米，修缮得很平整，一直延伸到山头看不见的地方。上下的车辆很多，速度飞快，几乎每一辆都会在远隔100米的地方摁着长音喇叭。

抬眼望去，半山腰住着很多户人家，大都是外面贴着瓷砖的两层小楼，楼顶上普遍还带着个小天台，一些中年妇女慵懒地坐在上面，晒着太阳。

2015年4月3日，清明节前夕，潘石屹从1407公里外的北京回到了自己的家乡——潘集寨村，为母亲扫墓。得知潘石屹要回家，村民董喜全跟妻子早早给潘石屹准备好了伙食。董家曾经收养过潘石屹的妹妹，潘每次回乡，几乎都要去他家看看。面条是潘的最爱，也是他们每次必做的主食。董喜全有点纠结配菜，不知道潘石屹喜不喜欢。

潘石屹到的前一天，董喜全的妻子跑到山上挖野菜，因为下雨，路不好走，挖了两小时才算凑齐了两份菜的量。董喜全则跑到镇上挑挑拣拣半小时买了两个羊腿，"从张家川过来的，最鲜"，500块钱。

担心做饭不及时，董的妻子叫了两个女人帮忙。中午12点潘石屹到达董家时，厨房已备好了下饭菜，都是潘经常在书里提及的野菜。房间的厨房里，一个女人跟另一个女人小声嘀咕："也不晓得大老板能吃好不。"

饭桌上，父亲潘诗林几次念叨这些野菜的营养价值，潘石屹一一附和，时不时提醒父亲："大大，你多吃点儿这个。"80岁的潘诗林对这顿饭极为满意，"健康又好吃，有尝头"。他不怎么喜欢儿子在北京拽着他去吃的那些高档菜，有时候一道菜上千，他也没尝出个所以然："吃钱呢，不是吃饭呢。"

潘石屹饶有兴致地跟记者聊起跟董家的缘分。当年家里太穷，不得不把最小的妹妹送出去，母亲对收养家庭只有一个要求——"有一头奶羊"，而董家是当地唯一能满足这个条件的村户。

当时，潘母重病卧床不起，家里的经济支撑全落在了父亲身上。谈及往事，潘诗林忍不住感慨，这位父亲觉得自己这辈子最大的本事就是5个小孩都没饿死，好好地活了下来。

潘石屹有3个妹妹一个弟弟，他是家里的老大。在吃不上饭的年代，他的二妹也一度送人，一年后又要了回来。

潘诗林从未想过自己的儿子有朝一日会成为一个有钱人。"念点书，以后能自食其力就行"，这是潘诗林对儿子最大的期待。潘石屹成名后，很多人向潘诗林讨教教子之法，他经常被问得不知所措，他不觉得对这个儿子有什么特别管教，"他成绩好，乖，我没操过心。"

但在潘石屹的记忆里，父亲对他管教非常严格，挨打是经常的事。有3件事是他必须要遵守的：每天早晚刷牙，不许说脏话以及成绩必须好。有几次，潘石屹不开心嘟囔了一句"他妈的"，潘诗林听到后，提起棍子就是一顿打。潘石屹有点想不通：别的小孩都能讲的话，为什么他不能讲？

小时候村里几乎没有什么娱乐活动，秦腔是当地农村农闲时唯一的消遣，潘诗林却告诫儿子：不许去。"他觉得那是老农民的东西。"潘石屹说。

直到很多年后，潘石屹才明白父亲的用心。这个嘴上对子女没有要求、"不饿死就行"的老人，内心深处从未丧失对体面生活的向往。

‖ 到外面去

在天水待的3天里，潘石屹一如既往坚持跑步。潘诗林除了陪同采访的一天里，几乎没怎么出门。

平时，除了潘集寨的老房子，潘诗林大多数时间待在天水市区的房子里，那是一个两室一厅，有90平方米。他说自己的生物钟跟机器人一样稳定，每天晚上9点睡觉，早上6点起床。天气好的时候，他会跑到楼下公园找人下下棋，不好的话，就待在家里写写毛笔字。吃饭以简单为原则，最喜欢楼下那家5元一碗的馄饨。

偶尔，儿子也会劝劝父亲，有空多出去走走。潘诗林一点也不喜欢儿子的这个建议："锻炼啥呢，我跑了一辈子跟汽车一样，关节都磨得快报废了，还让我跑。"

岁月虽然让潘诗林变得更加安静，但并没有磨损他追求自我和"说不"的个性。潘诗林曾是潘集寨唯一的大学生，从陕西师范大学毕业后，在清水县县政府就职。1962年，由于父亲潘尔燊曾是国民党高级军官，潘诗林被划为右派，下放至潘集寨。

谈到自己的家庭，潘诗林以读书人家自诩：太爷爷是个书生，爷爷是秀才，父亲上过黄埔军校，而他和潘石屹也不辱门第，念了很多书。

很多村民眼里，潘诗林是一位清高的知识分子。在长达16年的农村生活里，他习惯了田地里所有的农活，却始终与农民身份保持距离，不抽烟不喝酒不说脏话，喜欢干净，除了劳动，就是照顾卧病在床的妻子，或者看看书，交际圈也仅限于自己的家族。

"人家是落难的凤凰，落到鸡窝里了，有朝一日凤飞起，凤是凤，鸡是鸡。"村里一位老者这样描述他眼里的潘诗林。

在潘石屹的童年记忆中，向他灌输向外走这个念头的启蒙人，正是与周遭格格不入的父亲。小时候，身边的几位叔叔婶婶经常跟潘石屹说，千万别走出这个村子，这个村子是最好的村子，人都善良，不把人往死里整，外面兵荒马乱，人都特别野蛮。但潘诗林跟他念叨的，却是他在外面上学的日子。比如，陕西师范大学的凳子下面装着橡皮，搬动时不会吱吱呀呀响，每个桌子上还有一台显微镜，坐火车出去要先过个天桥才能出站。

每天在土坯桌子上上课、在土面上写作业的潘石屹听完觉得特别神奇，天天想象着那个天桥是什么样子，怎么从那儿走出火车站，以及，那里是不是有很多好吃的，可以填饱肚子。

潘诗林坚持让子女读书不被村里人理解。当时，上大学全靠推荐，成分不好的孩子没有资格上学，但潘诗林不仅让儿子上学，女儿也必须上，经济上实在扛不住了，就让几个女儿轮流休学换着读书。

他不信鬼神也遭到村民的排斥。潘石屹记得，小时候，他天天看见"鬼"抓邻居家的人。最恐怖的一次，邻居大妈声音从女的变成男的，说要吃炒鸡蛋，满屋子跑。吃完鸡蛋后，村里的大人就拿着棍子打她，意为撵鬼，对着她凶狠狠地逼问："你走不走？"周围人一阵敲打后，大妈躺在院子中央，昏睡过去，起来跟没事人一样，说什么也不记得。

可潘诗林对此不以为然。"过去在农村，不信鬼神就是个大毛病，（村民）跟你没有个共同语言，没有生活基础。"潘诗林说。他将自己的与众不同归结为"文化差异"。

潘石屹理解这种冲突："我爸就觉得自己受过教育的，来村子怎么能跟老农民一样呢？老农民却觉得你怎么连鬼神也不信，对他意见特别大。"

在贫困和政治双层压迫的年代里，潘诗林对自己的子女没有什么奢望，内心深处只渴望他们能走出去："外面再怎么不好，也比待在这里有盼头。"

这也是少年潘石屹的愿望。饥饿和耻辱是潘集寨留给他最深刻的记忆。

潘石屹提到，那会儿村子经常贴标语，说毛主席教导我们：一不怕苦，二不怕死。"我两样都不怕，就是怕饿，真受不了。"那时他做梦都想成为学校里的厨师："我们学校里最贵的菜1毛5，最便宜的5分钱，我常是连5分钱的菜都吃不上，可是学校里的厨师天天吃1毛5的菜，所以我觉得厨师是最好的职业。"

因为"右派"父亲和"国民党"爷爷的关系，潘石屹在学校时常被欺负。大部分时间他都忍气吞声，唯一一次他实在忍不住了，有个同学在班里散布言论，说潘石屹的爷爷被共产党拉去枪毙了。潘不服气，跟人理论，说爷爷是因肠梗阻才去世的，吵来吵去跟人打了起来，无意间说了一些爷爷的好话。第二天，班主任（也是他的一位远房叔叔）拉他上台批斗，说他思想不对，批斗到第三天，他被推到全班同学面前，班主任让每个同学朝他吐一口唾沫。

"女生都是轻轻吐一口走了，男孩子就把鼻涕拧半天往你脸上抹，下面的同学都在笑，我脸上泪水唾沫鼻涕分不清。"几十年过去，潘一字一句向记者还原了当时的场景。批斗完后，他拿着书包，跑到小河边，洗了把脸，然后回家，什么也没跟家里说。那年，他刚10岁。

站在山顶上，潘石屹指着西边的火车道，说从那时起，他有了一种强烈的要从山沟里走出去的想法。有段时间，他甚至不愿意说家乡的方言，还刻意把头发留得很长，觉得自己像一头狮子，一定要从那里逃离出来。每次听到村头火车呜呜的声音他就很兴奋，想象着火车穿过山洞后的世界是什么样子。他甚至计划好了，如果出去的话就朝东走，东边有陕西、河南、北京、上海……

他一直在等那个机会。可直到1977年，他每天还在过着学工学农的日子，一会儿去工厂听机器轰鸣，一会儿到田地里割草。不怎么上课，大学也依然是看成分推荐。"看不到希望。"潘说。突然有一天，老师跟他们说要高考，他第一时间把这个消息告诉父亲。在地里锄草的潘诗林，几乎以压迫式的口吻跟他说："好好看书，这是你娃最后的机会，抓不住你试试。"

考试成了潘石屹脱离农门的最直接途径。1979年，在中专考试中，他以清水县第一名的成绩考取了兰州培黎学校，两年后又考入中国石油管道学院（现河北石油职业技术学院）。毕业后，进入河北廊坊石油部管道局经济改革研究室工作。

就在潘石屹前往兰州上学前后，随着父亲的平反，一家人搬回到了清水县城居住。

Ⅲ 没有恐惧就是幸福

潘石屹和父亲享用天水当地的野菜。

潘石屹曾经挨过批斗的教室还在，20多平方米，窗户里看进去黑乎乎的，里面没有他记忆里的土坯桌椅，只放着一些现代的桌椅器材，成了一间杂物间，很少有人打开。

很多人跟记者聊起小时候的潘石屹，各种信息凑成了这样一幅拼图：脸圆圆的，一直坐在教室第一排，冷天经常穿着一件袖口磨得发白的灰棉袄，热天穿着一件粗布衬衫，瘦瘦的，走在路上老是低着头，很内向，见着人不怎么主动打招呼，成分不好，也不敢跟其他人发生冲突。

"那么小，为何能隐忍到这个地步？"记者问。

潘石屹将他的隐忍归结于恐惧。"大人们也在批斗，学校里抓几个小反革命批斗也正常。"潘回忆，学校曾经批斗过一个小学四年级的小孩，给他脖子上每天挂着一个很大的木头牌子，上面写着现行反革命。因为牌子太重，几个小时站完，麻绳一点一点勒进他的脖子，血把麻绳浸染得黑乎乎的，"你想这东西真是小孩受不了的。"

另外，他认为父亲的性格也对自己产生了很大影响。他记得，一次父亲穿着只有一个袖子的衬衫到学校接他，手臂上到处是血，他很害怕，问父亲出了什么事，父亲说没什么大事，到镇上去卖瓜，结果无端被民兵小分队打了。让他想不到的是，回家路上父亲情绪很好，还哼唱了一些"记不清但调子很轻快的歌"。

"你就觉得不管遇到什么事，都得自己承担，还得乐观。"潘说，这是他对父亲印象最深的一个片段。

当记者向潘诗林转述儿子昔日被批斗的事时，潘诗林沉默了一会儿，说："这很有可能。那会儿小孩就活个大人的势，我是右派，他咋抬起头哩？人家连羊都不让我们放，嫌我们成分不好。"

为了避免不必要的麻烦，他改过潘石屹的名字。潘石屹原名潘适夷，是他爷爷起的，恰巧跟当时的"大右派"楼适夷同名。担心受到牵连，潘诗林给他换了一个名字—潘石壹，希望儿子做一颗平凡的石头。可妻子不同意，觉得太没出息，至少也得是一颗能够站立起来的石头，于是就有了现在的潘石屹。

右派的帽子让潘诗林很长一段时间处于"没有道理的紧张中"。他提起家族的九婆，以前老是数落村里一个小娃娃调皮，结果这个小娃娃当兵回来成了村里的民兵连长，专门管理他们这些四类分子，九婆一听要开会就吓得尿裤子，"换一条湿一条，3条裤子换来换去没有可穿的呢"。

"人的精神恐惧就到了那个状态。"前些年，潘诗林看龙应台写的《幸福就是不恐惧》，觉得特别在理。"我们那个年代来说，没有恐惧就是幸福。"说完后，他苦笑了一下，抬高语调，又把最后一句重复了一遍，恐惧和幸福4个字声调压得很重。

这种成长环境赋予潘石屹极强的忍耐力和包容度，以及更为务实的商业理念。20世纪90年代初，潘石屹辞去公职，在海南创办海南农业高科技投资公司（万通前身）的时候，合伙人易小迪、王功权和冯仑每天谈革命理想，嚷嚷要推动社会进步。

潘对此非常抵触，他认为争来争去没有什么意思，就像小时候村里搞批斗一定要批出个所以然一样。内心里，潘石屹觉得赚点小钱、做点小生意也是推动社会进步，"我还是现实，他们认为的理想主义，他们认为的推动社会进步的信仰，不是我要追求的东西，我追求的是一种平和。"

这种平和、不树敌的性格在日后这位地产大亨的商场进阶路程中频繁闪现，并数次助他化敌为友。2011年，演员宋丹丹在网上公开质疑潘石屹，说他盖的房子丑，影响北京的景观，一度成为话题热点。2014年3月，潘石屹在宋丹丹的电视剧中本色出演，在片场，他亲自跑过去迎接宋丹丹。"我就觉得这个人太强大了，完全能把自己放得很低。"宋丹丹在一次采访中说。

潘石屹的这种低姿态还助他在生意场上获得了很多意想不到的收获。2009年，潘石屹去陕西做项目推广，和客户一起吃饭，身为明星企业家，大家一拥而上跟他合影。都拍完了潘看到还有一个人坐在那儿没有起身。他主动走上前去，发现对方腿脚不便，便蹲下身子跟对方合影。一周后，这个人跟SOHO中国签订了一个亿的合同。

||| 拒绝粗糙

在潘石屹记忆里，小时候父亲跟母亲说得最多的一句话就是"你不够粗糙"。

"（粗糙）换句话说就是不文明。把自己变得野蛮一点，才能在这个严酷的环境当中活下去。"潘石屹解释。

潘石屹母亲毛昭琴曾是清水县里的一名老师。1962年夏，20岁的她陪丈夫潘诗林一起到潘集寨。最初没有自己的房子，他们就借住在别人家。翌年冬天，潘石屹出生。

初到农村的毛昭琴，极力维护着城市人的讲究。在村子一位大妈的记忆里，毛昭琴对任何人都乐呵呵的，头发永远梳理得整整齐齐，有一次村里修田，中午开饭时，大家不管手是否干净都争着抢杂粮馒头，只有她从兜里拿了一块方巾垫在手上，才去拿。可所处的生活环境却让她无法处处讲究，潘诗林就劝妻子努力适应新的生存法则。

潘诗林对自己这一代和对子女有着完全不同的要求，多少显示出他内心的矛盾。一方面，他希望自己及家人能在农村生活中保持城市人的体面；另一方面，他又不希望家人因此而受伤。在他对自己和妻子返城感到无望时，便把情感寄托到子女身上，这位父亲希望用自己的"粗糙"守护子女们的"不粗糙"。

潘石屹10岁那年，母亲因病瘫痪卧床，直至2008年去世。潘石屹在微博上写下了很多关于母亲的片段，他记得小时候最怕黑，每次走夜路都会重复着母亲教给他的认路经验：黑路、白水、灰泥泥。

他还记得母亲告诉他："千万要少读政治、历史、文学方面的书，少思考这方面的问题。你爸爸就是爱好这方面的事，差点把命要了。你只要学好数理化就行了。"

潘石屹在日后的商业道路上，面对政治确实也变得谨小慎微，与他的某位好朋友形成鲜明对比。

他对政治的谨慎有时候也会影响到他在公众场合的状态。2013年9月，潘石屹接受央视采访，做一期关于微博大V责任的访谈，时值国家打击"微博传谣"。在央视节目中，潘石屹数度口吃。

有网友调侃说潘故意口吃以让人觉得"老实可靠"。随后，潘在自己的微博里证实自己是因为太紧张，"给一大V的朋友打电话说：'CCTV要采访我关于司法解释的事，我很紧张。我应该怎么说呢？'他说：'你千万不要接受采访。'我说：'来不及了，他们正在20米处向我走来。'"

不喜欢与人争论，因为太过谨慎而易于紧张，这或许是一个"粗糙"时代送给他的一个"粗糙"礼物："我从小家庭成分不好，吃过很多苦头，可能因为从小没有机会出风头，时间长了就主动放弃了自我表现，有需求也不敢大声嚷嚷，也不爱表达，因此就学会了一种没有什么自我的生存之道。"

▦ 千万不要付得多

在车开往潘苹果种植园区的路上，看着车外漫山遍野的苹果树，潘石屹突发感慨："我只有万分之一的可能走出去，不然可能就在这里给贾总（花牛苹果董事长贾福昌）打工，种苹果。"此前，潘石屹和当地商人贾福昌联手打造了潘苹果这个苹果品牌。

潘石屹回忆起自己人生履历的重要节点，1978年碰上恢复高考，他成为全班13个学生里唯一走出农村的孩子；1987年辞职下海，接着邓小平南方谈话，市场经济的启动给了他掘金房地产最好的时机。

潘石屹的辞职跟很多早期下海经商的人理由一样："那是一个开放而令人激动的年代，胡耀邦的一身西服也能给人的观念很大的冲击。"他准备了很多话去说服父亲。大专毕业后，他被分配到河北石油部工作，月薪是101元，而在清水县县政府工作的父亲只有57元，铁饭碗加高工资并没有让他获得满足。

潘回忆，提出辞职的时候，全单位人都觉得他是"异类，神经病"。离开高薪资又清闲的石油部系统，他是那个时代里的唯一一个。临走前，办公室30多个人都劝他再考虑考虑，别鬼迷心窍走错路。就一个老头叮嘱他："小潘，要饭都别回头了啊。"潘石屹说，之后创业的道路上，每次气馁的时候，他都会想起那位老人的这句话，鼓励自己要往前看，永不回头。

他唯一担心的是父亲的不理解。他准备了很多理由去说服这个向来较为保守的父亲。听到辞职两字的父亲并没有直接表态，只说我们出去走走。在清水县自家门前的旧马路上，潘石屹向父亲讲述了市场经济、石油部冗余的人力以及未来社会的经济形态。尽管儿子讲得天花乱坠，但潘诗林并没有太听懂儿子在讲什么。一个小时的交流后，他跟儿子说"你自己决定"，他"不支持，也不反对"。

多年后，回想起那次交谈，潘诗林觉得当时多少还是有点担心，但"人各有志，不在眼皮底下就该让人家干"。他从未预想过儿子会取得什么成就，更没想到，儿子有一天取得的成绩也会为自己带来"麻烦"。

潘石屹成名后，来找潘诗林帮忙的人不在少数，要钱的、找关系的、解决工作的、看病的，什么都有。最多的是让他劝服儿子帮忙解决工作问题。"他又不是政府的人，咋给你一下就安排到政府去，又不是他开的单位。"很多时候，潘诗林都要向来访者不厌其烦讲这样的道理，帮儿子挡回去。

也有挡不住的。大概10年前，村里有一个残疾人两次跑到北京，在SOHO现代城，每天守在潘石屹办公室门口要钱，理由是我是残疾人，你这么有钱，就该帮我。这件事在村里闹得沸沸扬扬。采访中，大家口口相传的版本很多，有人说潘石屹给了这个人很多钱，有人说潘给他的小孩免了所有学费，也有人说潘就给了他一个轮椅。

潘石屹模糊的印象里，他当时拒绝给这个不速之客提供任何资助，父亲有些情绪，"我爸爸就说你不给钱，我在村子里怎么做人？我就说坚决不能给，然后我跟我爸爸吵了一架。"在公益资助上，潘奉行"救急不救穷"的原则，最后父亲要给这位残疾人付路费，潘石屹嘱托潘诗林"千万不要付得多，付得多就是个诱惑"。

这样贸然找他帮忙的人不少。最夸张的一次，一个西安交大的学生，用柳树枝叶在一个纸箱板上拼出"潘石屹 我爱你"6个字，每天站在SOHO现代城下面停车场，只要潘的车开过去，小伙子就扑上来，柳树条打在车玻璃上，潘在车内吓得够呛。学生向潘石屹保证，只要潘能给他一定的创业本金，他一定可以成为世界首富。"我就觉得钱这个东西一定不是求来的，你得努力自己去争取。"最后，潘给这位大学生写了一封回信，鼓励他好好学习，不要活在空想的世界里。

在自己的人际关系网里，比之于初期的乐于助人，潘石屹对自己的朋友圈越来越谨慎。有很长一段时间，他都在为向他借钱不还的人苦恼，让他郁闷的不仅仅是钱财的损失，而是这些借钱的人经常借完后就消失得无影无踪，那些"下个月就还给你"但又不能兑现的承诺慢慢让潘石屹对求助者竖起了高墙，"有段时间没法相信别人，就是提防心重。"

2007年末，潘石屹重新看了一遍《平凡的世界》，太过类似的经历让他想起小时候，因为穷苦和饥饿，一点也不开心；现在的自己丰衣足食，还有上亿的家产，但还是觉得不开心。"就突然会觉得有点沮丧。"潘说。

⫼ 烧掉的仇恨

2015年2月，电视剧《平凡的世界》热播时，潘石屹做了一个梦，梦见路遥获得了诺贝尔文学奖，颁奖典礼改在剑桥的草坪上举行。

"我着急啊。怎么通知他的家人？准备什么花？我忙着建议，获奖词里一定要写上，路遥笔下主人公都是以德报怨，对周围的每个人（无论是对他好还是坏）都有炽热的爱……"潘石屹在微博上记录下了这个梦境。

可惜他的获奖词还没拟完，就被妻子张欣的起床声音拉回到了现实。

"以德报怨"也是当年他为自己的心理困境找到的一个出路。不过，他更多的是以自己的德报自己的怨，而非他人的怨。

潘石屹重新读完《平凡的世界》后，他决定做一个清理，好让自己的2008年生活开心一点。在自己一栋接近300多平方米的复式楼里，他点开自己的手机屏幕，找了一张纸，把曾经欠他钱的人列了一个清单，一共32个，最少的3万，最多的750万。他一个一个用笔划掉，然后点了一根蜡烛，烧了。看着火苗吞噬一个个名字的时候，潘觉得自己解放了，这个世界上再也没人欠他钱了。

除了财务上的清单，潘石屹还列了另一个，"（它）对我人生最有意义。"那是一张写着4个人名字的名单，4个人身份迥异，有领导人，也有童年拉他上台批斗过的远房叔叔，这些人共同点是都曾伤害过他、折磨过他，并都已去世。

"我一想一个死了的人还在折磨我，一个鬼还在折磨我"。潘说，尽管在很多场合，他提醒自己要记住那些美好的事情，不要让负面的情感耽误自己的快乐。但一个人的时候，内心深处的这份记恨常常折磨着他。

前些年，他回家发现母亲的一个旧轮椅不见了，追问下落，家里人遮遮掩掩，他一问才知道是送给那个远房叔叔。

"我一下子特别生气，质问家人凭什么送给他呢？他那样对我，把我们家里人都吓坏了。你说说这仇，30多年后还能操控我的情绪。"潘说，这些仇恨就像一个不知道何时会响的闹钟一样，时不时在他的大脑中分泌出一些不愉快的东西。

他觉得自己该放下了，经历了多年的商场沉浮，也为人父母10多年，"再不放下就不值了。"在内心深处最恨的人的名字被火苗吞掉的那一刻，潘石屹鼻子有点酸，他觉得自己解放了，这个世界上，他永远没有了仇人。

"那是最重要的一次释放。"潘觉得那一纸灰烬带走的，除了仇恨，还有40多年里自己对童年心里所受苦难的告别，"终于和解了，不压抑了。"潘说，那一刻他原谅了所有伤害过他的人。

那天阳光明媚。做完这些后，潘石屹从家里出来，开车到长安街。以前每天路过没觉得有什么，但那天他觉得"从没那么漂亮"，向来面部僵硬的行人，好像也都在微笑。"我想心里这个包袱就全都解开了。"回忆起这些事，潘石屹语态轻松，略带兴奋。

借他钱最多的那个是他曾经的同事，他们至今都是好朋友，逢年过节也会主动向潘石屹表达问候，但谁也没有提过钱的事，尽管对方现今事业有成，完全有了足够的偿还能力。潘说："我们现在是比较微妙的一种好朋友。"

回乡的纠结

烧掉那些曾让他不开心的人物名单后，潘石屹决定以自己的方式重塑与世界、与乡人的联系。近年来，潘石屹回到潘集寨的次数明显增多。一年至少有两三回。除了每年清明节为母亲上坟，他还忙着改善家乡各种教育、生活条件。循着留守父亲这根线，他与潘集寨有了越来越多的往来。潘苹果是他近年来着力推广的一个项目。

在潘苹果种植基地，潘石屹站在标识牌前，让自己的摄影师多拍点儿照。他说拍照是大事，还得发微博，好好吆喝卖苹果。镜头前，他露出招牌式的潘氏笑容。跟在潘石屹后边的潘诗林则念叨他，"走在哪儿都先照个相。"

潘诗林跟在儿子后面，背着双手，越走越慢。断断续续走了大半天，他已略显疲惫。在一片苹果地前，他停了下来，夸赞苹果枝条拉得匀称，长出来的苹果受光好一定甜。在儿子做的很多公益事里，除了教育，他最支持潘苹果，"能把天水的苹果宣传出去，给这些（农民）帮上点忙，也是个好事。"

潘石屹的宣传效果确实非同一般。一个数据可以说明他的营销能力：2014年潘苹果售卖了1000万斤，今年铺货已经可以确保4000万斤。朋友笑他是天生的二道贩子。

但刚开始和家乡的合作并不顺畅。2013年10月，天水市副市长、林业局局长以及花牛苹果董事长贾福昌一行人到潘石屹办公室，请他帮忙推广天水的花牛苹果。潘开始略有顾虑。"他一直搞房地产，就觉得不懂农业这个东西，怕做不好。"贾福昌回忆。

而且商业运作上，北京和天水的差距跟地理位置一样遥远。在商讨阶段，天水市政府提出先派两个公务员到北京成立一个正科级机构，专门跟潘对接工作，潘一听，脑袋都大了，"搞一个编制，还得争谁是科长、谁是副科长。"

潘苹果纯商业化运作的坚持赢得了回报，很快就有人打起了潘苹果品牌的主意。去年年底，潘石屹正在乌镇正参加互联网大会，一看手机，新闻上到处都在讲"潘石屹做了个潘苹果1.0，潘石屹父亲做了个潘苹果2.0"，潘有些生气，"这不是瞎搞嘛。"在和贾福昌的合作协议里，潘苹果这个品牌只由花牛集团供货并使用。

一回到家，他就跟父亲嘱咐，你这么大年龄了不要再瞎掺和这些事，潘苹果怎么能有两个版本呢。"我爸就被忽悠了，什么顾问代理，都没做过，80岁的人还能创什么业。"潘石屹说。

潘诗林有些委屈。最早，媒体人刘建兵找他的时候，说自己和朋友想推广天水花牛苹果，请他题几个字帮个忙。刘建兵曾是媒体人，跟老爷子见过几次面，本意又是为家乡做点事，潘诗林觉得挺好，答应了对方的要求。

过了几天，他们一行人在苹果园考察的照片开始在媒体疯传，潘诗林也成了潘苹果2.0的顾问。在儿子告诉他这涉及品牌商标之前，潘诗林对此毫无概念，他还以为可以帮助儿子推广花牛苹果。采访中，他问记者潘苹果2.0里2.0到底是个什么意思。

他觉得自己被骗了。他找来刘建兵，"求"他别再给他安置什么名号，"我都80岁的人，还顾问，我连自己都顾不住。"潘诗林语气强硬。

正与记者闲聊期间，潘诗林手机来电。他听了半天才听清对方向他推销保险。他提到，前段时间有人给他打电话，说是中奖了，赢了18万，让他先交2万税金，他告诉对方你自己留着，"现在有些人心坏了，专门骗我们这样的老人。"

潘石屹第一次觉得父亲老了，是在2008年，瘫痪了38年的母亲去世后。父亲精神很不好，也不怎么吃饭，整整17天，潘石屹守在父亲的卧室外，晚上就睡在沙发上。有一次迷迷糊糊刚睡着，父亲走出来，跟他说："我真是感觉到了孤寡。"潘石屹印象里，好强了一辈子的父亲从未这样软弱，"我突然觉得心里咯噔一下，以后得多陪陪我爸爸。"

摄影师要拍一张儿子从背后环抱父亲的照片，潘石屹试图向父亲说明，父亲顺从地听儿子指挥，两手抓住儿子的胳膊，头靠在儿子胸前，神态温柔。拍摄结束，潘诗林笑笑，说自己跟着儿子拍了几辈子的照片。

从潘家屋子出来，正对面500米处是花牛苹果的冷库，占地2万5千平方米，总投资1.1亿元。贾福昌带着潘石屹参观了这个已经部分投入使用的冷库，回到北京后，潘石屹发了一条微博："我在城里帮着吃喝着卖苹果，我们村子唯一一块平川地被征用了，建了一个冷藏苹果的仓库，邻居们拿到征地款，家家户户都在盖房子。看到这块我家祖祖辈辈洒下汗水的土地上，大型施工机械在轰鸣，我茫然了。是喜？是忧？"

让潘伤感的是这片土地，它曾是潘家祖上流传下来的一块地。潘诗林多次跟他讲这片土地上曾经发生的家族灾难。他的祖爷爷曾在这块地里种过一些桃树，有人来偷桃子，祖爷爷追着跑，追到一条水渠，祖爷爷顺着跳过去，结果不注意摔倒，过了两三天就去世了，也没查出具体原因，后来他的爷爷由祖爷爷的兄弟们拉扯成人。

"家里这么多年的一个历史在那，结果让人给征了，建成了苹果仓库。"自己还是那个吆喝卖苹果的人，潘石屹开始感受到文明发展给潘集寨带来的冲击，他从心底希望能够保住这块地。但转念一想，又觉得这是一个必然的冲突，潘苹果为很多留守妇女提供了一个足以养家糊口的平台，他也慢慢接受了这个事实，"人就必须生活在矛盾和冲突中"。

潘苹果推广现场，潘石屹给林丹榨苹果汁。（图／王唯一）

⫼ 现实的玻璃墙

当村民张成代得知记者采访潘石屹是因为《平凡的世界》时，他反问：潘石屹还平凡吗？

张成代自家开着两个店铺，一个超市，一个农药铺，房子是样式普通的白色瓷砖房，两层，500平方米，花了60多万。张成代新修房子的所在地曾是潘石屹家的祖屋。

当年父亲平反，一家人离开潘集寨搬回清水县的时候，家里穷得叮当响，一分钱也没有，潘石屹执意要卖掉祖屋贴补家用，但母亲哭着喊着说不行，他跟母亲承诺：我以后一定给你买好多房子。最后，房子以750元成交。

潘石屹喜欢谈及这些往事，尤其是这几年，过了50岁以后，他越来越喜欢念叨家乡和童年。2013年国庆，他还邀请班里12个小学同学到北京玩，实现大家看天安门的儿时梦想。

面包车拉着这帮曾经在一个土堆里长大的儿时伙伴，在北京转悠了3天，从故宫天安门长城到潘自己的SOHO。这是老同学们第一次亲眼看到潘的产业，在此以前，他们对他的了解仅仅限于：做房地产、中央二台做节目的人以及大老板。记者接触过的几位同学中，未曾有人知晓他真正的身家，低的说一个亿，高的说一千亿，都停留在"大概"和"应该"的猜测中。

在潘石屹的预期里，这本该是一场轻松的同学聚会，他未曾预料到之后发生的种种意外。在逛完自己的项目长城公社后，一个同学突然犯病，喘不上气，脸憋得通红，潘石屹让助理联系赶紧送最近的医院，而同学求他赶紧把自己送回潘集寨。"他说我是老毛病，千万不要去医院，死得死到潘集寨去。他很害怕、恐惧，怕放到太平间了。"

潘石屹急得满头大汗，"我把同学叫到这边来，出了人命我可担当不起。"强行把他送医院后，发现只是普通的支气管炎发作，挂了个吊瓶就好了。

第二天，他带大家参观望京SOHO样板间。一面玻璃墙前，一个同学没注意，脚勾在一个柱子上，正面与玻璃墙相撞，眼镜边把左脸划了一道，有些出血。潘手忙脚乱到处找创可贴。这边还没完事，另一个同学又当着大家面，朝另一边的玻璃墙径直撞上去。

"他们生活得太封闭了。"回忆起那天，潘石屹说自己到最后都崩溃了，特别担心出点什么事。

在这3天旅程中，老同学依然叫潘石屹的小名，饭局上，大家东拉西扯，一人一句还原小时候追兔子、割黑豆的事，他也尽量用方言跟大家聊天。"聊着聊着就一句普通话，一句方言。"潘石屹的同学王丙军能感觉到这位老同学在尽力融入这桌全是农民的饭局。

那段时间，和同学一起逛北京城的时候，走在最前面担当解说的潘石屹时不时会回头看看，有人落队了，他会过去拍一把，手摁在背上推着人走，跟小时候一模一样。有那么几个瞬间，同学潘望兴觉得大家好像都是一样的，潘石屹还是小时候那个瘦弱的样子，"温柔、乖，懂得照顾别人。"

这种感觉只存在于那么一瞬，在平凡世界里，潘石屹和他们之间还是"隔着一堵墙"。只要是有潘石屹的同学聚会，钱一定是一个禁词，大家都极为默契。"不能问不能说，说了担心人家以为我们缺钱或者怎么样。"潘望兴说，他知道潘石屹去年几次回村里忙潘苹果的事，但他从来不主动联系，只有潘主动召集，他们这些同学才碰个面。

潘炳全现在跟陌生人很少提及潘石屹，尽管他非常自豪，常常守着中央二台看看这位"攒劲"同学。前些年，他去西安，来回路上，车里聊天，一说自己是潘集寨的，别人问他知不知道大老板潘石屹，他说不仅认识，还是一起挖过土的同学呢。对方一听，说就他这样还能认识潘石屹，是不是你们村的都说跟潘石屹是同学。"不是一个世界的人呢。"潘炳全说，这个同学自己心里知道就行。

潘石屹的邻居李云堂也刻意保持着与潘石屹的距离。前几年盖房的时候，有个关于潘石屹的节目要取景，到他家拍了一天，后来村里都传言说是潘石屹出钱给他盖的房，他很郁闷，却说不清，"跟人家还是要离得远一点，一近就有人说。"

在岁月的轮盘上，潘石屹的很多旧日同学喜欢将他的成功归咎于命运。随着时间轴线的拉长，他的同学们也开始发现这个平凡世界的残酷生存规则：大多数人的努力并不是为了多么卓越和伟大，只不过是为了保住平凡的生活，让它不至于堕入更低的地方。40年前与潘石屹一起在潘家寨附中的1975级同学，现在绝大多数人的生活还停留在潘集寨。

潘石屹曾经的同桌，54岁的同学潘炳全从1992年开始在村子办了一个小石灰厂直到现在。昔日酷爱学习的学习委员潘望兴，成了潘集寨里最有权威的风水先生。当年经常压迫学习好的潘石屹给自己写作业的班长潘映泉成了村子里第一个因为贪污入狱的村委书记。他的童年玩伴，曾经常常一起烧毛豆吃的同学王丙军，一直在天水化肥厂工作，2002年化肥厂倒闭，他被迫下岗。有时候王丙军看到潘石屹，他会后悔当年没跟潘石屹一样坚持高考，就算不能像他成功，至少上了大学可以找个体面的工作，而不是现在重新过上靠天吃饭的生活。

"我们忙活是为了活着，石屹忙是要活得更好。"王丙军感叹他与潘石屹的人生差异。

潘石屹说不清自己是否信命，但他相信自己的成功背后有一股冥冥之中的力量。他觉得自己就像余华《鲜血梅花》那本书里的主人公阮海阔。在那本书里，阮的父亲是名震江湖的武林高手，而阮自幼弱不禁风，不懂半点武功，父亲被杀后他却要背着梅花剑去杀武林高手，最后晃晃荡荡，碰到很多人，也复了仇。

"根本不是他杀的，就是冥冥之中，背后有个力量，在那安排着。"潘说，小时候，他从这里走出去的时候，也是瘦得不得了，裤腰带箍在头上刚合适，这样的一个人到外边去闯世界，是不敢想象的。

潘石屹在朝外SOHO天台接受采访。

人啊，还是不能没有根啊

站在潘集寨的一处山顶上俯视，潘集寨到处都是潘石屹的手笔，学校、马路、山上的树、篮球场以及苹果冷库。记者问潘，这些年他觉得村子最大的变化是什么。他想了想，说："这些年说不上，只记得刚离开这里的时候，村里没电，出门要点着煤油灯，走在人少的地方，还会害怕山里会不会有狼突然冲出来。"

近几年，潘石屹几乎每年都会带着自己的两个小儿子回潘集寨，他觉得应该让两个孩子跟这个村子有个牵连，"人啊，还是不能没有根啊。"他也希望儿子能够理解除了美国和北京，还有潘集寨那样的一种生活，"了解整个社会，才能扎根整个社会。"

但对这个村子，孩子们跟他的感情像平行线一样疏离。"我对村子的理解是贫穷、饥饿、教育质量不好。"潘说。前几年，他每次带小孩回去都会跟他们诉苦，说说自己不堪的童年，比如小时候洗澡都去河边啦、夏天烤毛豆吃啦、在草地上整天整天放牛啦，结果小孩特高兴地跟他说："哎呀，你的童年太好了，还能不上课。"

"他们完全不懂我说的，就说村子里好玩。"潘说，在两个小孩的世界里，潘集寨是一个更为新鲜的世界，远比城市好玩，有牛有羊，有可以一起疯玩的小伙伴。他不奢望孩子们能懂得自己曾经所经受的那些苦难，但他希望他们能保持跟村子的联系，不要忘了"文化上的这个根"。

小说《平凡的世界》里，路遥给他笔下一群艰苦奋斗的年轻人安排了一个浪漫的结尾，其中孙少平坐上火车离开了省城："他在矿部前下了车，抬头望了望高耸的选煤楼、雄伟的矸石山和黑油油的煤堆，眼里忍不住涌满了泪水。温暖的季风吹过了绿黄相间的山野；蓝天上，是太阳永恒的微笑。"

几年前，潘石屹也做了一个回乡的梦，梦到乡亲们给他娶了一个媳妇，说女方家口粮多，娶到是他的福气，一定让他回老家生活。他跟人辩解：现在北京都看液晶电视了，村里连电都没有，不能回去。乡亲们却不理会，执意要他回去。他特别恐惧，在梦中惊醒。

第二天他跟一位客户吃饭，客户得知潘从黄土高坡来，跟潘说，他认为最浪漫的事，是身穿羊皮袄、头扎白羊肚手巾、背着装水的葫芦、赶着羊群，在山坡的对面有姑娘穿着红色的衣服与他对歌。

听完，潘石屹对朋友说，你的浪漫是我的噩梦。他觉得很多城里人对农村的认识仅仅停留在张艺谋画面里的浪漫，与他认识的那个位于甘肃天水东部的平凡世界相隔太远。

在带着参观了潘祠、潘集寨小学、中学、祖屋以及很多跟他童年记忆有关的地方后，最后的采访，潘石屹执意要去山顶，因为"那儿有感觉，脚踏实地、踩着黄土我才能说出我的想法"。他觉得只有踩在这片土地上，他才能安静下来，"城市是非常物质的，这个乡村是精神的，这个精神不是你学到的知识，而是安静地思考。"

从山顶望过去，一边是村子里盖得整整齐齐的瓷砖房，一边是近年新建的工厂以及火车道，再西边是隐隐约约可见的景区麦积山。

站在山顶上的潘石屹看着整个村子，指着村子南边说那边就是吴家寺，七八岁的时候，有次妈妈病了，让他去那里取药，他心里特别恐惧，"我就觉得见的每一个人我都不认识，山啊、地啊、路啊，都不熟悉，只有翻过这个埂，到我们的生产队，我就觉得踏实了。"

那时候，他以为这个村子就是整个世界，跨过村子的地界就觉得毫无安全感。再后来，他到公社、县城、兰州、北京再到世界各地，他对世界的认识越来越宽阔，越来越从容，却也越来越搞不清自己到底从哪里来。

"其实我整个的家乡，实际上真正是一个精神的世界。"潘说，以前每次出国在出入境表格籍贯那一栏都会写上甘肃天水，但他总觉得自己的精神世界一定来自另一个地方。直到这两年，他慢慢觉得，这个村子就是他的原点，不管是现实层面还是精神世界。

他计划写一本书，名字叫《大槐树》，现实层面它是村子里以前最老的一棵大槐树，另一个意思是"这是我精神上的一个原点"。他打算写他人生中关键时刻的32次选择，提醒自己每每遇到问题，不要焦躁，要回到这里，安安静静做出正确的选择。

（2015.4.24）

父子印象

在潘石屹眼里，父亲是记忆仓库，是可移动的故乡，他不时去提取、去激活。对潘诗林而言，儿子是放飞的风筝，不求他飞得多高，唯愿他还在线上。

文/李天波　图/尹夕远　编辑/卜昌炯

潘诗林聊儿子

博客天下：他当时辞职下海，您有担心吗？

潘诗林：不能说一点儿没有。在眼皮底下就管管，隔了千山万水，人家爱干啥干啥。我又不懂，人各有志嘛。我自信他不会干违法的事情。

博客天下：平时会关注他的新闻吗？

潘诗林：不会。我看报纸都不看他的事。他跟我说，我就听听，看他那些事还不如我看个节目呢，又不懂。

博客天下：您去看过他的项目吗？觉得怎么样？

潘诗林：他的楼盘我也不爱去看，有时候车拉着我转一圈就回来了。也就那个样，我又不懂人家的设计，看不出个啥好。长城公社我也住过，我对他的那些没兴趣，外面看着不一样，里头还是一张床。他那是给外国人盖的，洋鬼子和假洋鬼子才住呢。

博客天下：他修的山语间（潘石屹在北京怀柔修建的一处自住别墅）呢？跟您在潘集寨的房子比较像，也比较安静。

潘诗林：我跑山语间干啥去？我疯了跑那儿去！那是吃大肉吃腻了、城里住腻了才去的地方。夏天热冬天冷，长城公社都比山语间好，那儿一点人气都没有。当时是我看着盖起来的，都没人盖。山里人麻烦得很，每天来找麻烦，树伤了，地埂伤了，要钱，钱少了打发不了。我给他们讲道理，说中国的农民诚实，他们说我们就是要钱，我们就是刁民。今天给了明天又来了，麻烦得很。

博客天下：潘石屹盖过这么多房子，这样的问题应该经常遇到吧，他会跟您说吗？

潘诗林：不会，他是报喜不报忧，自己的事一直自己解决。再说，给我说有啥用，他解决不了的我有本事给他解决吗？我基本不过问他的事。我连自己都顾不过来了，担心他干啥，现在该他管我呢。

博客天下：几个子女中，您是不是对潘石屹最严格？

潘诗林：都一样，对女孩子放得松，对男娃娃抓得紧。女孩子打啥呢，以后都是亲戚娃一个。我就是个传统思想。他挺乖，听话，学习好，我没怎么管过。偶尔不乖了打几下，也正常。那会儿精神压力大，思想重，有时候娃娃一不乖就打几下当出气。

有一次八妈来家里吃饭，说你两口子劳动可以，不会教育娃娃。我说教育啥呢，能活下来就好了，饿不死就对了。八妈说我不对，咋能让石屹洗锅。我说谁吃得快谁洗锅。她说我培养不出人才。我说培养啥呢，一个人病着，5个人张口吃饭呢，我能把这几个养活就是最大的本事。现在市面上好多教育娃娃的书，我说都是胡说呢。

博客天下：他性格像您吗？

潘诗林：性格上还是有个潜移默化的影响，对人低调，干事认真。人说字如其人，我写的字人家一看就说我是个老实人，我说就是，我没啥本事，不老实能咋。他也是这样，不老实他怎么在北京立住脚？我啥也帮不上，都得靠他自己，肯定得老实，让人家占点儿便宜，不然谁还跟你干，对不对？他的优点就是这个，能吃亏，一视同仁。

博客天下：他说送您去旅游您从来不去。

潘诗林：转啥呢？旅游景点人挤人，受罪哩。云台山（位于河南省）去了一下，同行的人都说自己去了哪儿哪儿，结果一问啥都不知道。云台山有个茱萸岭，有名的高中校长也不知道干啥的。我说跑这么远要看一下啊，人说不管，转一下就对了。你慌慌忙忙走马观花一圈有啥意思嘛。

博客天下：儿子去了那么多好地方，也想让您多出去看看嘛，以前没那个条件。

潘诗林：他走了那么多地方又能咋，还不是跟我一样，一碗不饱了吃两碗。去云台山的时候，人家管饭，早上馒头咸菜，跟洗锅水一样的米汤，我都不愿意喝，吃不饱走路都没力气。中午把我们骗到农家乐的里面，8个人一桌，就肉肥，米饭蒸得半生不熟的。就是花点钱，受点罪，有些人收获一肚子气，肚子胀胀地就回来了。

博客天下：他安排的您都不喜欢吗？

潘诗林：没有，他尽个心，我就不是个爱挪动的人。在北京我哪儿都不去，出门地铁挤不上去，让司机一直等我像话吗？我就待着，不要给人家添乱。前两年，他让我去博鳌住，2月份还行，3月份屋里就得在空调底下坐着，一出门汗往眼里钻，啥不好我在这儿受罪。别人都说享受，度假呢，我说没事干呢。我赶紧给他打电话，赶紧把我弄走。

博客天下：您觉得自己是一个什么样的父亲？

潘诗林：别人有本事的是能帮忙、不添乱。我把自己顾好，不添乱就行。

博客天下：您培养出了这么有本事的儿子。

潘诗林：就现在我也没感觉他干大。比他干大的多着呢，他的那算啥。

博客天下：您有什么想叮嘱他的吗？

潘诗林：平安是福，平安就对了，身体好就行。至于你做得大了小了都不是我考虑的事情。

母亲去世后，潘石屹抽出更多时间陪伴父亲。

潘石屹聊父亲

博客天下：工作上的事，现在和父亲沟通多吗？

潘石屹：基本不会。我们就聊些过去村里的事。他可爱跟我聊了，他聊的话特别有意思，记忆力又好，别的又记不住，隔三差五跟我唠唠叨叨的就聊这些事情。

博客天下：他对你管教方式严格吗？

潘石屹：严得简直在我们那地方出了名了，经常打（我），对我弟弟妹妹就宽得不得了。有一次，二年级还是三年级，我数学考了5分，考了5分以后我爸就气坏了，然后就拿个棍子，把我揍了一通。当时他拿棍子打我的时候，我就拿手去挡，结果就直接把我这地方（指着手腕）打着了，然后就出了一个青包。我特别委屈，号啕大哭。我爸说不要上学了，你就不是上学的料，跟我到地里干活去。

博客天下：除了学业，生活上呢？

潘石屹：我们家乡有好多脏话，其实小时候根本不知道意思，别人说（我）就跟着说，因为这打了我好几次。还有就是刷牙，他天天盯着我，早上刷，晚上刷，刷着刷着家里穷没牙膏了，就放一点盐到嘴里面刷。小孩你知道特别怕嘴里面有一些怪味道，放盐刷的话特别别扭，但还得刷。

博客天下：你反抗过吗？

潘石屹：小时候可能很抵触。那个时候就觉得，别的小孩干什么，我就该干什么，你要把我搞得跟村子里别的小孩不一样，这是一个特别痛苦的事情。

博客天下：什么时候觉得自己能接受父亲的教育？

潘石屹：我觉得上初中的时候才接受，突然一下所有的事情都明白了。你知道农村的卫生条件比较差，厕所、猪圈什么的，之前不觉得有什么问题，上初中以后就发现不应该（在）这样的环境（生活）。

这个时候我就觉得必须要从山沟里面出去，不出去我就憋得慌。我不知道外面的世界什么样，就从地图上看，发现出去以后就到宝鸡了。那时我十一二岁的样子，有一个特别强烈的愿望，就是要出去，这个山沟太小了。

博客天下：上大学跟父亲沟通多吗？

潘石屹：沟通特别多，特别爱写信，但写的时候就长篇大论的。

博客天下：好好学习什么的？

潘石屹：他不写这，他觉得这些东西太肤浅。都是写的大道理，然后讲个历史故事，他爱写这个。这些信看完后都丢了，如果保留下来的话得有上百封。

博客天下：一般主题是什么？

潘石屹：有的时候就介绍家里情况。他给我写信也是他文采的抒发了，那时候也没有微博什么的。每次到传达室，看见别人的信都薄薄的，我爸给我的信却厚厚的。我第一次看到艾滋病这个词，就是在我爸爸的信上，说你看美国现在流行一种病叫艾滋病，接着就开始讲整个社会的风气什么的。就是原来从来没听说过的东西，给我写一些。

我还记得他当时信里写过一个很轰动的新闻，那时候北京外国语学院有一个学生，他家没钱，就跑到王府井百货大楼里面去偷东西，偷完东西以后有个老头就带着一帮保卫人员去追。几个年轻保安实际上发现这个小孩藏到什么地方了，（装作）没看到就走过去了，想回过头再想办法收拾他。可这个老头走过来以后就拿着手电照这个小偷，照了半天还说就在这个地方，结果（小偷）拿着刀就把他杀了。你想我爸爸把我14岁打发出来了，也是害怕我处理这些事情不够。

博客天下：想提醒你？

潘石屹：就是说你犯了任何错误都要给别人去承认错误，哪怕你当了小偷也好，干什么也好，不能拿着刀具杀人是不是，然后就跟我这样反复地写。其实一开始看了以后，（心想）啰里啰唆写这干什么呢。博客天下：你说你父亲对你最大的影响就是乐观。潘石屹：对，我觉得就是乐观。这个特别重要，就是面对所有的事情都要乐观。我父亲被划为右派了，现在回想起来在这个小县城，他这样的性格是必然的。

博客天下：他是哪种性格？

潘石屹：就是独立思考，敢于发表自己的意见，所有的事情都有自己的看法。语不惊人死不休那种，我的观点就是跟别人不一样。

博客天下：你曾说小时候父亲总是跟别人很不一样。

潘石屹：我记得有一年灾荒，我去领救济粮没领回来，他们给地主家的人不分救济粮。然后我爸气得不得了，大骂了一通，说是我去跟他们说去。然后估计跟他们说了一通，他把这个救济粮领回来了。回来以后我记得大队有一个喇叭，里面说的东西我听不懂，然后我爸爸突然就兴奋起来了，他说中国发射了第一颗人造地球卫星，而且这个地球卫星上面还会唱东方红。你说说人都吃不上饭了，他还关注这个。

博客天下：当人到中年的时候，往往会对父亲有一个不一样的认识，有很多事情你发现你也没法说服他了。

潘石屹：穿着这些东西我爸从来不讲究的，有我妹妹安排着，像个样子就行，关键是舒服。（他常说）你穿得好给谁看呢？另外，他从来不在我面前表现出软弱，有时候我碰到点困难什么的，他就说没有克服不了的困难，一定要坚强。他传递给我的信息是，别给我诉这些苦，我不听这些苦，自己去解决。他就是这样，然后他自己一天生活还挺充实。

博客天下：那你们在理念上有没有不太可调和的一些事情？

潘石屹：也有一些，都不是原则性的东西。他这个人超土，对名誉、地位、金钱这些东西从来没有概念。他对这些东西看得特别的淡，生怕给我们增加负担。

潘石屹的家乡位于甘肃省天水市以东的潘集寨，他的父亲潘诗林还住在这里。潘石屹说他和父亲一样，虽然是农民，却不擅长农活，反倒很会读书，这也让潘石屹最终走出了潘集寨，走出了孟家山，成为异乡的"主人"。

（2015.4.24）

异乡主人家乡客

文/图　尹夕远　编辑/卜昌炯

　　在潘集寨，大部分人都姓潘。回乡期间，潘石屹特意参拜了潘氏宗祠和祖坟。村里其他潘姓人迎接潘石屹时，看上去更像是一种待客之道，欢迎一个用财富改变了默默无闻小山村的贵宾。

从天水火车站出来，渡过渭河，沿河南岸驱车不到半小时，就进入了市郊的潘集寨。

这个位于甘肃天水市区以东约10公里的西北村落，是潘石屹的家乡。时值清明，他从繁忙的事务中抽身回到这里，为祭拜祖坟，亦为探望家乡父老。

"衣锦还乡"已不足以描绘年过半百的潘石屹回乡的举动。事实上，他早已用自己的影响力和财富深刻地改变了这个一万七千余人的村寨。

他在周围的山坡上种树，把祖宅捐给寨上的幼儿园，出钱兴建学校，修操场，为家乡的苹果代言，组织留守妇女种植苹果树，邀请志愿者进驻试点，把高科技生活用品引入寨里。他像是现代文明与科技社会的使者，以主人的姿态，尽己所能惠泽落后的故乡。

渭河水流淌着，浑浊的河水卷挟着孟家山红色的泥沙，平静缓慢地流过潘集寨。再向东460公里，到达渭南市潼关县后，它将汇入黄河，自此滋养秦淮以北的半数中国人，直至渤海，不再回头。这一切像极了潘石屹的人生。作为特殊年代里中国典型的苦孩子，他在泥沙中度过了自己的童年和少年，此后，他开启了令人艳羡的后半生。

然而当他站在孟家山上向我描述儿时每天背羊粪翻过这里挣工分，把由于家庭成分不好被分到的10亩最贫瘠的土地指给我看时，他更像是一个曾经的客人，一个拥有不美好回忆的客人，在细数主人过去的不公。

可能因为14岁就搬到清水县的缘故，他的口音和潘集寨当地有所区别。此次行程中他最喜欢感叹的一句话是"那时候太穷了"，走在路上每当遇到寨里人，也都要先问一句"你认识我吗"。

走进寨里，不认识他的人，不会显示出对邻里之间的那种热络，打招呼的眼神里透露着对外来者的好奇；认识他的，则以过度热情的方式上前寒暄，带着一丝不易察觉的尴尬。倒是一名深圳志愿者，在路边与潘石屹毫无距离感地热烈攀谈。她几年前来潘集寨教孩子们英语，后来扎根于此，靠潘石屹的资助开展教育工作。

地产名人，意见领袖，微博大V，跨界红人，在北京如鱼得水、事业有成的潘石屹，徘徊于"主人"和"客人"两种身份之间，于潘集寨的红色泥土中重塑与故乡的联系，这里充斥着潜藏于一个懵懂少年心灵深处的苦难记忆与一个中年企业家试图拾起的情感归属，如汇聚黄河的泾渭二水，依傍却不融合，分明但是同行。

潘石屹捐钱给哈佛的事情闹得沸沸扬扬，质疑声此起彼伏。从中或许可以管窥他对教育的重视。在潘集寨，他把祖宅捐给了村里的幼儿园，并资助一名从深圳来到甘肃做志愿者的英语老师。

　　从孟家山下的穷苦少年，筚路蓝缕，成为商界明星，潘石屹一路走来。曾经他离家乡越来越远，如今又回过头来重新打量这块赋予他生命的土地。一朝苦主一朝盛宾，他享受着两种身份带给他的不同体验。

（2015.4.24）

第二章

俞敏洪重启合伙人时代

如果非要给硅谷最著名的创业秘密组织PayPal黑帮在中国找一个模板的话，上世纪90年代初创业的俞敏洪、徐小平、王强组成的"三驾马车"恐怕最合适不过。大时代下3位年轻人从学生年代相遇、相识，拥有同样的梦想至一起打拼事业，共同创办英语培训学校，最后功成名就，各自又分开踏上新的征程。

在创业时代下，仍在新东方守业的俞敏洪的新梦想是，继续延续自己的创业生命，这一次他打算找他投资的年轻创业者。他和此前在证券业风生水起的盛希泰组成了洪泰基金，专门从事创业者的天使投资。

新时代的创业潮与他昔日艰难打拼新东方的过程已有天壤之别，当时他是开创者，如今他成为投资人，他打造的不再是自己和兄弟的梦想，而是希望重塑一个个可能超越他，甚至打败他的创业者们。

创业时代潮中的新合伙人故事可能更接近于硅谷PayPal黑帮的信仰要义，无论是PayPal黑帮的领头人物彼得·泰尔，还是当时和他在PayPal创业的里德·霍夫曼、马斯克等人，他们都曾一起创业，而后组成PayPal黑帮，继续服务创业者。这些人在创造了巨大的财富后，又开始将创造财富的秘密播撒出去。新时代的科技文明可能正是在这些投资人和创业者的良好互动中延续下去。

加入时代，或被时代甩开

　　"天使"投资人是立于创业世界穹顶之上的宏观操控者，当俞敏洪和资本玩咖盛希泰开启自己的新合伙人时代，二人共同拥有了时代浪尖的视界。

本刊记者/李岩　图/任言

这些中国顶层商业精英们从不升级自己的歌单，让俞敏洪倍感警惕

俞敏洪打算当众献唱一曲《我爱你，中国》的念头，很快因为台下全无掌声响应而宣告破产。这是不久前一次创业者聚集的晚宴，作为新东方创始人，以及身为"天使"的创业投资者，他此时倏然一囧。

"算了我不唱了，"俞敏洪对他们说，他并没生气，"那我唱个《蓝莲花》吧。"

3月8日，在首都体育馆附近一座外形很容易被路人忽视的院落里，俞敏洪对我讲出了这个故事。这位正在北京参会的政协委员刚好得到半天的休会时间，得以脱身来到洪泰基金的大本营，与他的合伙人盛希泰及几位年轻的创业者见面。后者中有人第一次见到自己的"天使"。

往前3个多月，专注天使投资的洪泰基金宣布成立，一期募资没过多久便突破3亿。俞敏洪和曾经的投行大佬盛希泰在成立仪式上的高调亮相，是一个颇值得玩味的瞬间。当年新东方"三驾马车"中的另两位，徐小平和王强，在2011年成立了真格基金，并因扶植出聚美优品、世纪佳缘、兰亭集势三家上市公司，影响力迅猛飙升。俞敏洪3年后在仍旧挂帅新东方的前提下，走上了同一条路，但并非是"三驾马车"的再聚首。他找到45岁的华泰联合证券前董事长盛希泰，开启了自己的新合伙人时代。

真格基金的徐小平当日也在现场为洪泰基金站台，据说为了不抢主人风头，他全程配合拍照并保持着刻意的低调。而主人俞敏洪则在发言稿中睿智地度过了"旧合伙人"这个关节。"我也看到小平和王强的真格基金做得风生水起，他鼓动年轻人的热情和风格比我更加厉

害。"他说，"现在我要去插一脚，说小平、王强我们仨来共同做，我想我是不是会把小平的风头抢走了。徐小平一生最怕的就是我抢他的风头。所以我决定另起炉灶。"

令俞敏洪收获最大掌声以及笑声的，是他在发言的结尾提到，希望自己将来的墓志铭上刻着"他一生与年轻相伴"。他说："如果到时候只有一个人来看我的话，我希望这个人不是徐小平，而是一个年轻人。"

正是俞敏洪口中翻来覆去的年轻人，当听说导师准备在晚宴中改唱《蓝莲花》后，总算给出了一点足够救场的掌声。和《我爱你，中国》相比，这首歌晚面世20多年。"如果我说我来唱《小苹果》，哪怕唱《最炫民族风》，"俞信心满满地对我说，"他们的鼓掌肯定更热烈。"

《我爱你，中国》并非俞敏洪一时起意，这是他的主打歌。每年亚布力中国企业家论坛，重量级嘉宾都会被组织到农家乐吃饭唱歌。让俞敏洪印象难灭的一点是，连续几年，这些中国顶层商业精英们都没有升级过自己的歌单，要么《我爱你，中国》，要么《洪湖水浪打浪》。也许他们二三十年都没升级过。

"其实我就是领头唱这些革命歌曲的人之一，你无法拒绝跟大家一起怀旧所带来的欢乐。但在这个氛围中间，其实你会产生一个警惕感。"俞敏洪说。

俞敏洪同时身处"中国企业家俱乐部""北大企业家俱乐部"和"亚布力中国企业家论坛"三个商业精英圈，圈内的平均年龄已达四五十岁。"那是一帮极其成熟的，做生意已经很成功的人。但坦率来说，有时候你会发现，他们已经很固步自封，包括我在内。"而当他对此有所察觉，俞敏洪说，自己会"感到害怕"。

于是，回到新东方和学生们打交道，发现对方喜欢唱什么歌，俞敏洪会立刻去找来听。去年年底的一次新东方聚会上，他毫无惧色地表演过一曲《小苹果》。"在这点上，我比他们（企业家俱乐部成员）幸运，因为他们身边没有这样的环境。对我们这样的人来说，你不加入时代，就被时代抛弃了。"

这是如今，53岁的他化身"天使"，并成立自己的天使基金的核心原因之一。他并不认可外界对自己出发点的另一种揣测：曾经肩并肩的徐小平和王强先行了一步，并获得不小的成功，于是自己憋着劲也要迎头赶上。

"你一定是于心不甘。"他说，但不是不甘落后于"旧合伙人"，"说得俗一点，你把自己亲眼目睹青春灿烂的机会给放弃了，再俗一点，你看漂亮妹妹的机会都丢了。"

▎ 一旦年轻的创业团队发生矛盾，俞敏洪自称可以扮演一个非常好的调解人，这种能力来自新东方早期的修炼

不再考虑和徐小平、王强续写前缘，一句"怕抢风头"基本承担不了任何解释功能。俞敏洪至今仍和两人维系着恰如其分的友谊，真格基金的投资人里也有他一席，这被他视为有力证据。但过去的纠葛并不易解。

1999年启动股份制改造以来，3人在新东方内部的矛盾日趋升级，数年的漫长冲突最终以决裂收场，徐小平、王强退出董事会，"三驾马车"中只剩俞敏洪一人支撑新东方至今。

算上北大时代，俞、徐、王3人如今已经拥有30年交情，"从友情的交流、思想的交流，到利益的交流"。"如果我要进入天使投资

这个领域，我最好能够重新开始。"俞敏洪对我说，"就是，我不再想加入他们两人，又变成一个新的这样的格局，而这个格局中间又充满了很多利益关系。"

"A new start（一个新的开始），"这位中国最富有的英语老师说，"可能会非常的好。"

对他的合伙人盛希泰而言，这同样是一个new start。中国证券行业在新世纪之后的10年经历了望不到边界的滑坡。"不再占领潮头，不再带给我一种跟社会主流层面接触的机会，你就会很失落，没燃烧，不兴奋。"盛希泰说。

1993年，盛希泰从南开大学毕业，南下到深圳找了第一份工作。在一派新兴景象的证券公司，这个白纸一张的愣头青很快就领到5000块的置装费，因为"公司要包装我们"。他花3000块给自己买了一身皮尔卡丹，"那时候只有皮尔卡丹最好嘛，料子非常好的，就是《资治通鉴》上面那个背景色。"他指着我身后书架上的一套大部头说。那套皮尔卡丹应该介于土黄和绿。

这一年，新东方在北京创立。算上洪泰基金，俞敏洪和盛希泰拥有两次完全同步的事业起航。

20年资本市场历练，为中联重科和蓝色光标等几十家公司进行过IPO的盛希泰已经难掩疲态。"再干20年还是这个'熊样'。我有N多机会换到更大的证券公司做总裁，一样的，有什么区别呢？"他打了一个比方，证券业相当于自己的"母语"，天使投资则是"外语"，"四十几岁逼自己学新的语言，真是挑战，因为完全不同圈子。"

以前的同行过来看他，问何必做这个买卖，都是"慢钱"。盛希泰回曰："你们哪懂我的快感。"

这种快感部分仰仗于找到一个对路的合伙人。俞敏洪相信，新东方20多年，自己亲历了公司从起步到上市的全过程，"这个我比希泰有优势"。此外，现在创业的年轻人，"从18岁到30岁，几乎都在新东方上过课"，俞敏洪觉得自己可以从中收获"另外一个层次上的信赖"。

盛希泰的自认绝活在于对资本市场的运营经验，他长期服务企业成长后端，即上市前后，而当前中国的天使投资人大都着眼于前端，即公司成长初期，少有长远谋略。"我肯定比他们强，这是毫无疑问的。"盛希泰说，"而我只要复制10个企业家，就超过了我前面二十几年的积累。"

但两人都无法从脑中调出结识最初的细节。他们都在中华全国青年联合会；5·12大地震，他们坐在同一辆车里去赈灾；他们在加拿大温哥华的家离得很近。

成立天使基金的想法几乎一拍即合。"凡是比较紧密合作的对象，"俞敏洪说，"我一般第一步凭个人直觉判断，第二步还会做一些背景调查，通过周围的朋友进行。那我们都在全国青联，这个就太容易了。"

当决定从各自的名字里抽出一个字来给基金命名时，俞敏洪对盛希泰说，你年轻，你冲在前面，叫"泰洪基金"吧。盛希泰读了读，说，还是"洪泰"更顺。

我在俞敏洪不在的场合问盛希泰，如何看待他的新合伙人没去找老弟兄徐小平和王强一起做"天使"。他停顿了一下，说："这个就不评论了，人和人的缘分有很多。"

在新的缘分中，俞敏洪相信一旦麾下年轻的创业团队发生激烈矛盾，目前的他已经具备足够能力扮演"一个非常好的调解人"。"因为我对人与人之间怎么合作才能够互相容忍，能够互相利用对方的优势，比较有经验。"他直率地承认这项本领修炼自新东方"三驾马车"时期。"徐小平、王强在这方面也是经验丰富，"他微笑着说，"所以他们指导他们投资的创业项目的时候，应该也非常有用。"

新西少肉夹馍是洪泰基金较早投资的一个项目。创始人宋鑫至今记得去年夏天第一次被盛希泰引见给俞敏洪的场景。在此之前，他因为股权纠纷刚从上一个创业项目"西少爷肉夹馍"中退出，二者至今仍有诉讼未结。"新西少"是他的再创业，名字里就透着不服。在连续被14个投资人密集拒绝后，宋鑫给初次谋面的俞敏洪深鞠一躬，叫了声"俞总"。"就叫老俞吧。"俞敏洪对他说，"你的事情我听说了，没事的，能重新站起来我很喜欢。"宋鑫念念不忘，临走前，俞敏洪站起来摸了摸他的头，宣布宋鑫"和洪泰有缘"，然后嘱咐了一句："新的合伙人好好选。"

俞敏洪和徐小平、王强现在还保持着频率不高的会面，聊各自当下在做的事情，以及往昔感情。他是3人当中最后一个拥有了属于自己的天使基金的人。日后在创投圈不定期出席活动，他们见面的次数也会随之增加。宋鑫这样的年轻创业者的故事，兴许某天他会讲给另两个人听。至于自己正在关注或者准备投资的项目，以前他没进入这个领域，而现在，"已经不太确定该不该聊了"。

俞敏洪从来不吝惜表达自己对新东方上市的悔意，但同时他一心谋划着自己投资的年轻公司，能最终走上IPO（首次公开募股）之路

没有确切统计，其实也无从统计，过去一两年在中国陡然掀起的创业大潮中，有多少听起来美妙诱人、梦想一飞冲天的项目死于C轮

融资、B轮融资、A轮融资，乃至从未找到过"天使"。一将功成万骨枯，这一点很像中国体育，一个运动员在奥运会或全运会上摘金，身下是无数生计堪忧的炮灰。

盛希泰喜欢这种血腥的刺激感。他读书时体育课里还有60米跑项目，"就差半只脚，赢了就是赢了。"他戴着眼镜，头发直立，给人一种敏捷感，和人聊天，能一眼看出对方身上最新款的爱马仕皮衣。

我在一个上午陪他去清华科技园的X-lab孵化器，给年轻人讲"融资路演"。他在课上嘲弄自己天生一副凶相，"不笑还好，越笑越可怕"。而说到对人的判断心得，他提起自己两次从北京去秦皇岛，途经高速服务区时，都吩咐助理去餐厅买点早餐。第一次，助理花了20分钟才拿着早餐从餐厅出来，盛希泰很不高兴。第二次，身边换了一个助理，1分钟就空着手回来，报告老板，这里面是内部食堂，不对外经营的。"那我肯定要第一类员工。"盛希泰拿着话筒对大家说，原因是创业不可缺少"狼性"。

"狼性"是我在洪泰基金的大本营里，听他提到最多的一个词，排第二的是"悟性"。

上午10点到晚上10点，盛希泰在这里迎接一拨一拨访客，有政府官员，有基金同行，更多的是来找钱的创业者。院子装修很现代，有玻璃屋顶，甚至还有一只孔雀标本掩映在绿植间。倒茶小弟端着一壶壶普洱，像他的老板一样在几个房间来回串场，一个工作日要斟下数百杯茶。

很难用一种气质去描述这些沉浸在创业想法里的青年人和中年人，无论是否善于口头表达，人人都各怀想法，至少看起来信心满满，仿佛身前的每一杯普洱背后，都潜藏着尚未诞生、却足以改变世界的传奇。

很多时候，盛希泰并不关注创业者费心准备的PPT，他低头翻着微信，等待对方突然戳中自己感兴趣的部分。客人多的时候，他甚至在每张桌上听一小半就撤，留下投资经理继续考察。半小时后他回来总结，往往还相当到位。"你的未来是什么？你有没有做上市公司的梦想？你有没有操作能力？"他问对方。

我在陪同考察项目的两天里，所见创业者全部都是男性。他们天生是金钱和各种原始欲望的煽动者和被煽动者。

"没有饥渴感。"盛希泰在送走一个创业者后对我说，"老是在抵抗，你发现没有，觉得我是在批评他。"这是他们之间的第二次会面，最终投资的可能性，"上次聊完'七七八八'，这次'五五六六'。"

"其实大部分项目投不投就是半小时。"他对我说，"一个创业项目哪有10分钟说不清楚的。"

与此同时，俞敏洪也在新东方的办公室里为洪泰筛选着新项目。他的电子邮箱一天大约可以收到20个项目邮件。每个礼拜二的早上8点到下午5点，是他专门用来分析投资项目的时间，一天看6到8个，其中1到2个会获得最终青睐。

最近几年，俞敏洪在各种场合都不吝表达自己对新东方上市的悔意。"就像娶了一个你完全把控不住的女人"，他曾经这样比喻。而现在，他一心谋划着自己投资的年轻公司，可以步步为营，最终走上IPO之路。洪泰还年轻，在这个指标上，两位合伙人目前的成就为零。

俞敏洪考察的项目以教育为主，他对这个领域的痛点有相当老到的认知。新东方集团本身也有投资业务，俞敏洪自己更是李开复创新工场的第一批投资人，而李是中国真正意义上最早的天使投资人之一。

尽管如此，看起来不太靠谱的项目，俞敏洪也不会轻易刷掉，他会把邮件转发给洪泰的投资经理们，让他们再筛一遍。

洪泰基金和新东方有时也会联合投资。"如果新东方也参与投入的话，这个教育项目活下去的可能性就会非常大。"俞敏洪说，"因为一旦新东方看上这个项目，就意味着它是新东方产业链和生态链上可能需要的一部分。"

当然，在盛希泰那边，合投肯定不是未来主流。基金成立初期，他致力于尽可能多地"铺设赛道"，更快地投资好项目，然后形成自己的帮派。在帮派内，成功的创业者可以相互扶持，形成洪泰的帮派文化。这个想法来源于美国创投教父彼得·蒂尔。在与同事们创办并卖掉PayPal后，他们四散开去，各自创办出特斯拉、领英、YouTube，"PayPal黑帮"随后名震硅谷。

"从成功概率上讲，分投可以投更多项目，也更加稳健。"盛希泰说，"但是你作为一个品牌基金，我觉得还是不能这样搞，否则这些项目永远不是打着你的旗号，永远不姓洪泰。"他不想让这个才几个月大的基金很快泯然众人。

"必须跟小孩打交道，哪怕沾点仙气也可以"，拉平身份，拉低姿态，是两位"天使"在洪泰上到的重要一课

当俞敏洪还是一个创业者的时候，他在很长一段时间里并没有明显的焦虑感。这和当下的创业者们有很大反差。

1990年从北大辞职，到1995年徐小平和王强回国加入新东方前，俞敏洪上课之外的主要工作就是铺教学点、陪公安喝酒、给老师

开工资。留学潮耸动下，学生们蜂拥而至。"还真没太多烦恼，所以我能在1995年的时候生我女儿。"

然后，徐小平、王强推动公司结构改造，做移民和留学新业务，俞敏洪经历第一次崩溃期。上市之后，商业模式改变，教师队伍从2004年的500人膨胀到如今的25000人，转而大力开拓中小学市场，第二次崩溃期。"现在移动互联网时代，这是我的第三次崩溃期。"他说。

创立新东方，俞敏洪只投入了自己几个月的工资，"你只要勤勤恳恳，从一点点小事做起，你可以往前看到三四年后的样子。甚至往远处看的能力，本身也不重要。"现在，互联网商业里的模式可能3个月一变，"如果有人说他有预测能力的话，"俞敏洪说，"我都是持怀疑态度的。"

俞敏洪曾去Facebook总部参观，马克·扎克伯格带着微笑走进会议室那一刻，他觉得"不就是一个小孩嘛"。"但现在你必须要跟小孩打交道，"这位自称从小孩身上拿钱最多的企业家说，"哪怕沾点仙气也是可以的。"

中欧商学院创业与投资中心执行主任李善友，最近请俞敏洪给即将开始的"中欧创业营"讲课。俞敏洪在电话里婉拒："我现在对年轻人讲不了课，但我自己去当学生可以。"李善友吃一惊，说都是小年轻，你一个大老板坐那儿，这东西没法弄。"为什么不可以呢？"俞敏洪问道，"王石到哈佛、剑桥不也是当学生吗？"

同样是在一次中欧商学院的论坛上，盛希泰在会场后排找到一个位子，悄声坐下听讲。为了避免被人认出，进一步可能被拱上台发言，他在中间的茶歇时间都没敢出门。"碰见了熟人，对方在看我，我也没跟他打招呼。"

两人非常一致地和我谈起在天使投资方面，尤其是和年轻人共事，让自己意识到埋头学习刻不容缓。

"一个企业成长的阶段，从种子期、天使期，到大天使，然后IPO，多少环节啊。"盛希泰说，"以前我是最后端，这个鸭子煮熟了，我把它做出花样来端给大家吃。而现在我在孵化一个鸭蛋，完全是连1%的交集都没有。我放下身段，见了谁，说，兄弟，学习学习。原来我跟谁都不称兄弟的，那时候叫'盛总'，现在是'泰哥'。"

拉平身份，拉低姿态，是两位天使在洪泰上到的重要一课。今年春节，盛希泰和家人在日本北海道滑雪，手机没有信号。回国第二天，微信群里已经疯传洪泰基金"跳票"。星聚科技的CEO陈戈向两位天使发难，称自己在与洪泰签署了正式的投资协议后，后者并没有按时兑现投资承诺。

星聚科技是陈戈的第二个创业项目，主攻音乐可穿戴设备。他的第一家创业公司是2006年上线的巨鲸音乐网，当年的"天使"是NBA球星姚明。

"很难相信大哥级的俞敏洪和盛希泰的洪泰基金也会跳票。"陈戈在讨伐书中写道，"全民创业的时代，中国的一些基金仍然停留在10年前的心态，反正创业者都是弱势群体，只需要对他们讲权力，不需要讲信用。"

仅一天之后，陈戈再发文，称双方其实是对20天到账和20个工作日到账存在误会，春节期间，两者天壤之别。他的天使投资款已经打入。

事件平息后某日，有朋友和盛希泰聊起来，说你们太老实了。"你投资人就不需要保护了？"盛希泰向我复述对方原话，"换我就发声明，我本来没想不给你钱的，你现在这样损害我声誉，我还就不给了。"

俞敏洪回忆，那天自己看到陈戈第一条微信，当即花了15分钟和盛希泰沟通。"我从微信上其实已经感觉到了，陈戈这个孩子急躁，沉不住气。"俞对我说，"我跟希泰说，解决方案其实只有一个，就是必须把钱给他。哪怕是你已经认为这个投资有风险，都得给。"

"我和俞敏洪反应很一致，（要有）大哥风范。"盛希泰说。他在第一时间约见陈戈，跟他说："你这个性格可能很适合创业。为什么？你有冲劲，你有激情，对吧？尽管你以后可以冲得更合适一点，但你如果没有这种冲杀能力，没有这种狼性，这个事很难成功的。"

在随后发出的《关于所谓"跳票"事件的致歉信》中，盛希泰写道："我要向星聚科技的创业者陈戈Gary，以及在此次事件中感到创业激情受到挫伤的创业者朋友们，表示诚挚的歉意！你们是洪泰的基础，你们是洪泰的未来！"

盛希泰是体育爱好者，滑雪之外，他对自由搏击亦有兴趣。3月的一个下午，他暂时中断工作，带我来到院外的一家搏击馆活动。他的陪练是世界自由搏击锦标赛65公斤级冠军杨建平，以及昆仑决世界极限格斗赛创始人姜华。

换上搏击服的盛希泰展露出不俗的身板，他开玩笑说在自己所知的中国天使投资人中，他绝对是肌肉最强的一个。姜华卷了卷裤腿，用海绵挡板护着头部，鼓励盛希泰出拳。2013年9月，正是他带着昆仑决项目在中国大饭店说服了盛希泰，把后者带进了天使投资的世界。昆仑决是盛希泰投资的第一个天使项目，今年1月份起，每个周末江苏卫视都会进行直播。盛希泰也从中尝到难以言喻的甜头。

"跳票"事件后，他一直没有工夫运动，僵了半个多月的筋骨此时终于逐渐得到舒展。拳套和挡板的撞击声越来越大，杨建平和姜华不断向盛希泰发出指导和喝彩。仿佛只有在这个时候，天使才终于被赋予权力，向创业者凶猛出击。

　　昔日的新东方"三驾马车"，如今都有了新的身份——天使投资人。

只有新东方保持成功，
我做投资才能成功

俞敏洪无法宣布放弃自己30年的教育理想，这是一位创业成功者永远"不可摆脱的某种宿命"。

本刊记者/李岩　汪再兴　图/任言

⦀ 我们都有一点土豪特征

博客天下：你又和徐小平、王强跑进同一个行业，两家机构是否存在竞争？

*俞敏洪：*这个东西其实不能算是竞争。竞争就是我做教育领域，做得非常成功了，徐小平、王强他们随后要开一个像新东方这样的学校，抢的是同一批客源，或者说同一个比较窄的市场。而天使投资人是一个什么概念呢？我跟盛希泰可以算两个人，但整个中国连500个人都不到，美国2万人以上应该是有的。所以国内还不是说大家像狼一样非要去撕扯同一块肉的这么一个市场。来找过我们的创业者，大部分都是第一次来找我们，找过徐小平他们的创业者，也是第一次找他们。

博客天下：你的合伙人盛希泰说，只要自己不处在潮头的、前沿的行业，就会有一种被时代抛下的没落感，你选择进入创投圈是否也有类似原因？

*俞敏洪：*他跟我的思路是不太一样的。因为做投资出身，他一定要抓住时代中最能赚钱的那一瞬间，或者说能让资本发挥最大作用的那一瞬间。那在十几年前一定是PE（私募股权投资），而现在是天使。

我有的时候会有追赶时代的感觉，但是没有被抛下的感觉，理由非常简单，我一直在业务中间，在以新东方为载体思考这个主题。就是说，我是有依托的，我有依托去想这件事情，哪怕我落后了，我就会以比较快的速度去纠正自己。

所以我跟希泰不一样，如果说我什么都不干了，跑到国内或者国外天天在家里休息，那真的是马上就会担心被这个时代抛弃了。洪泰基金的成立呢，我觉得一下把希泰就推到了中国创业潮的最前沿。而我是通过跟这些朋友们的合作，同时也把我带到了这样的最前沿。

博客天下：想要成立自己的基金之后，你有没有差一点谈成的其他合伙人？

俞洪敏：有是有的。

博客天下：那股劲最后差在？

俞敏洪：差在到最后你会发现，双方都不能全心全意来做这么一件事情。另外呢，有的投资人说他愿意做天使，但是他同时要往后做，A轮、B轮，他都想做。那我觉得这个东西跨度太大，因为你到了A轮和B轮以后，基金的规模和对项目的考察方式是不一样的。天使投资主要先看人，看团队，再看商业模式，而到了A轮和B轮是先看商业模式，回过来再看团队，是两个倒过来的状态。

博客天下：洪泰成立后，有没有什么投资人，是你们想让他进入，他拒绝你们的？

俞洪敏：当然也会有。为什么？因为我们没有业绩展示，对不对？投资领域的规律就是说，你越老，越有名声，募集资金就越容易，它也有一个品牌沉淀和业绩积累的过程。应该这么说，在中国成立天使基金，第一期的融资，一下子就像洪泰这么多，这么成功，我们还是创了先例的。就是什么还都没有，光我们两个人的名字拿出来，就有这么多。

博客天下：有人说盛希泰身上有种土豪气质，你感觉呢？

俞洪敏：我觉得我们俩好像都有一点点土豪特征。

博客天下：你们还是挺不像的。

俞洪敏：他长得比我更像土豪，他就是这样的气质嘛，但气质不等于内在。这么说吧，阎锡山这个人，你一想就是军阀嘛，但你知道阎锡山的学问修养是相当高的，实际上。希泰不像我，因为我有点像知识分子，掩盖了自己身上另外的一些东西。他就是这个外表，就是这个样子。他也喜欢追求这种感觉，抽个雪茄啊什么的，但他做事情不是土豪作风。真正的土豪做法，那就是一掷千金，完了呢，左拥右抱，最后呢，豪车豪宅。这个我们都没有。

‖ 无须冒进移动互联

博客天下：新东方上市快10年了，但这个年代，一家影响力看似远弱于新东方的教育公司，却可以在上市一两年后，市值就超越新东方。

俞敏洪：这个你要去看是不是泡沫，是不是临时现象。像你刚才举的例子，肯定就是一个临时现象。中国的A股市场是非常不理性的，（都是）炒股行为，和这个公司的长远发展，理性发展，是没有真正密切的关联的。这也是很多人劝我把新东方从美国下市后，来到中国重新A股上市，最后被我拒掉的一个重要原因。我认为长久的生意需要靠一种理性的姿态来做的。我要把新东方放在A股上市呢，股价可能会比现在高出至少5倍以上，这是最起码的。5倍以上确实会使新东方在股市上特别好看，但是这样的泡沫，最后的压力和可能出现的问题，就又得由我来主挑承担。而这个东西会把我做业务的重心带偏了，因为你不得不去花精力处理这些事情。那我为什么不理性地把新东方的业务做好以后，在纽交所让全世界的投资者认可你这个公司呢？我们已经看到太多的公司，猛地暴涨，昙花一现，最后就没了，这样的情况太多。

博客天下：相比线上教育公司从一开始就完备的互联网基因，传统起家的新东方会不会大船难转身？

俞敏洪：当你发现一个新的时代或者一个新的浪潮出现，而你没有做好准备的时候，你一定是某种焦虑和担忧的状态，这段时间持续应该有半年左右吧。你要对移动互联网给教育领域带来的影响做一个精确的判断。几乎所有在2013年底到2014年做教育的机构，都会号称3个月或者半年就能把新东方给干掉，颠覆掉。其实在这个时候你需要的不是冒进，而是定力。你要认真去判断，你所在的这个领域，多少是会被移动互联网给颠覆的，多少是不能颠覆的，有多少是可以借助移动互联网这样的一个浪潮，反而腾飞的。

在2013年底到2014年初闹得是最厉害的，把新东方内部也搞得……大家就是很担忧。也有人说我们干脆立刻投10个亿，把新东方整个改成互联网公司。新东方有没有10个亿投，肯定是有的，但是我敢保证，如果当时真投了10个亿，现在新东方就没了。因为要做起来很简单，我把地面的教学点慢慢全部关掉，把所有的学生都往线上移，到最后的结果肯定是，新东方线上的收入大大增加了，地面收入大大减少了，表面上变成了一个移动互联网公司，但是实际上也把它的基础给毁掉了。

现在是2015年开年的时候，已经可以肯定地说，教育未来最大的模式，是O2O模式。还不是Online to Offline线上到线下，是Offline to Online线下到线上。而一开始做了纯粹Online的教育公司，现在很多也在开始往地面转，结果他们发现比从地面教育公司转到线上，难不止一点两点。

博客天下：未来不打算全身心来做投资？

俞敏洪：如果让我100％来做天使投资，那我就得先把新东方卖掉。不管我离不离开新东方，新东方的所有成败，都是把我连在一起评价的。就像现在不管马云多少次宣布，他已经不管阿里巴巴了，阿里巴巴的任何一个动作，都跟马云是连起来的。这是创业成功的人不可摆脱的某种宿命。也就是说，我未来做成功的任何一件事情，它的基础都必须是新东方基本上还成功地在那儿立着。直到有一天我真的宣布，新东方跟我真的一点关系都没有了，我一股都没有了，那其实你也在同时宣布着，你放弃了号称坚持了30年的教育理想。这个对我来说，是不可能做到的事情。没有人会宣布放弃自己30年的理想，除非你认为那个理想坚持错了，做不到的是吧？所以我只能说，我必须在新东方成功的前提下来做。而在洪泰，我比一般的天使投资人更加有优势。理由非常简单，就是我这种从零做起，最后做成上市公司的经历，是可以复制到这些年轻孩子身上去的。真正深入管理，事无巨细，把事情做大，我绝对是中国企业家中一个做得比较深刻的人。

博客天下：除了理想和赚钱，新东方现在对你到底意味着什么？

俞洪敏：你每年涉及300万的家庭，帮助了这些家庭的孩子们。当然没有新东方的话别人也可能会帮助，但是既然你已经有了，并且有了这样一个几十年的经验，对我来说，我去做这么一件事情，就不仅仅是把它做好的问题，还带有某种崇高感在里面。这么说吧，如果我做房地产，通过过去这么多年的资源整合，赚了很多钱，然后现在这个房地产没什么好做的，我把它卖掉，不会有任何心理障碍，完全不是一个同日而语的东西。

有些创业者拿完钱就不理我了

博客天下：刚才拍摄你们"洪泰帮"的合影时，听几个创业者说，从洪泰拿到投资前都没和你聊过项目。你和盛希泰具体是怎么分

工的？

俞敏洪：其实我的后端任务比他要重。就是投完资以后，我是要带这些人的。投后管理，会是我非常重要的一块。刚才我已经跟盛希泰提了，近阶段已经给钱的几个项目，这些孩子们，我准备用半天的时间请他们过来，跟他们一起聊他们的项目特征，他们自己做事情的风格，一直到晚上跟他们一起喝酒吃饭。带出这种感觉来，这就是我要做的事情。

博客天下：通常你会担心他们发生什么事？

俞敏洪：拿到我们的钱以后觉得这个钱就是自己的，自己做去了。我投资已经投了好多年，我真发现过这样的创业者，拿完钱他就不理你了，完了等钱花完了又找你来了，你都不知道他钱怎么花完的。就是说他其实既没有利用我们的人脉，也没有利用我们的资源，还没有利用我们的经验，就利用了我们给的钱。那这个本身就会有问题。

博客天下：除了这些，现在的你对所投项目里几个创业合伙人之间的关系会不会格外敏感？

俞敏洪：很多创业者，一上来就聊说，我们一定要合作，我们要努力团结，我们绝对不能出问题，完了两个月以后就出问题了。因为一旦涉及利益关系，涉及人际关系，甚至还会涉及两个人共同抢一个女朋友的关系的时候，你的反应——我说的是创业者而不是我们，我们已经没有抢女朋友这件事情了——你作为团队核心人物的反应，是完全决定你这个团队能不能继续下去的。而那些反应很多时候，应该算是直觉的，或者说天性中的，你藏都藏不住。

博客天下：那你给过他们什么建议？

俞敏洪：我给他们的建议是，如果你们一开始创业的时候就不能互相欣赏，只是因为碰在一起，觉得这件事情能赚钱，所以我们合在一起做的话，那这个伙最好别合，因为很快就会分。

博客天下：你从目前这些寻找天使投资的年轻人身上，看到的比较普遍存在的问题是什么？

俞洪敏：第一个就是项目不成熟。自己本身还没有想得特别清楚，写了一份商业计划书，觉得凭它就能弄到钱。这跟现在国家鼓励大家创业，而且他们发现周围的人都拿到了钱有很大的关系。现在还处于一个创业项目，尤其是好项目，被估值偏高的一个年代，而且这个会持续很长一段时间。这导致很多人本来并不一定想创业，或者本来并没有创业的精确想法，但会编出一个创业故事来找你，这样的情况还是比较多的。

第二个就是团队组建能力并不是很强。有的时候号称是一个团队，但是往下深入以后，你发现这个团队可能互相之间都不知道，只是因为要融资，有了团队比较好融，就临时拉了一个团队这样子。

还有就是个人不愿意往里投入。原则上说你开始做demo（样本）的时候，钱就应该自己掏。为什么呢，这样让我们感觉到，你是愿意投入的，我们就会更有信心。所以一般来说，一个来找天使以前，已经投入了十几万、二十几万的项目，我们会比较愿意更加深入地调查。

更多的情况下，我觉得大家并没有认真去想这件事情本身应该怎样做，而非要去加一个移动互联模式，你有的时候能看出来这是生搬硬套上去的。像我过去一年半，一直思考新东方该怎么移动互联一样，要把这个东西想清楚，你不能只顾戴大帽子。

博客天下：关于创投圈当下的火热程度，有很多笑话，比如你吃着一个人均20块钱的路边摊，听见身边的人都在谈千万级的生意。而你就在这个热潮里，有没有什么不一样的想法？

俞敏洪：这种创投不理性的高潮，我认为到2015年的6、7月份，就会逐渐地衰退，大家对项目的评估会更加理性，而且这里边逐渐被淘汰的项目会越来越多，当然不会像当初的团购网那么厉害。但是即使在教育项目中间，2015年，跟移动互联网相关的教育公司，我估计倒闭的会超过100家，都是风投的。去年是60家，今年可能100家。就是死掉，彻底没了。我只是说教育领域，它会迎来一个创业的理性期，但是创投这件事情会一直持续下去。

博客天下：你以前的员工罗永浩创业去做手机，你觉得他目前进展怎样？

俞洪敏：我特别希望他做锤子手机能成功，首先这种跨界对太多人有鼓励作用了。另外，我还是挺喜欢他这种创意和钻研精神的。我前几天讲到中国山寨和创新的关系的时候，还提到过，其实中国已经逐渐由原来的山寨走向微创新和创新了。像我原来一直用的是国外手机，从诺基亚换到苹果，从苹果换到三星，现在换成了华为，mate7，我觉得真的非常好用，有很多微创新在里面。

博客天下：你用过锤子吗？

俞洪敏：没用过，罗永浩如果送我一个我会用的。

（2015.3.25）

第四

章

幸存者周鸿祎

在大公司吞并小公司，BAT（百度、阿里巴巴、腾讯）巨头代理人战争持续不断的今天，作为中国互联网争霸版图上的重要变量，360公司董事长周鸿祎的幸存至少有了另一层意义：他让互联网生态圈里不只剩下巨头，让互联网演化的环境不再一元，在创业潮袭来的今天，他提供了独立生存的可能性和方法论。

此刻，这位trouble maker（麻烦制造者）决定继续搅局，他将自己多年与巨头对抗的搏杀生存术称作AK-47，并决定给他的信众发枪。2014年的秋天，这位颇受争议的44岁中年男人将如何选择自己的反抗之路？他也向本刊记者坦露，他眼里的互联网世界的白与黑，道与术。

发枪者周鸿祎

2014年8月28日，周鸿祎在位于北京东四环的360公司办公室。（图/尹夕远）

现在，这位中国互联网里的trouble maker已经开始向他的信众发枪了，我希望，这一次他创造的是互联网文明的新元素而非仅仅是王朝的更迭。

2014年8月初，我在美国斯坦福大学附近的palo alto（帕罗奥图）市与《连线》杂志前主编、创始人凯文·凯利（KK）共进午餐。作为到硅谷采访的《博客天下》记者，餐桌上，我感兴趣的话题自然是中美两国创新产业发展的新趋势，C to C（Copy to China，中国复制）现象是否因为新创业者的出现而得到改变。午餐初始，都是我在介绍中国近期的创业新趋势以及创业者高涨的创业激情与奇思异想的实践。午餐间隙，一向沉默少言的KK突然抬头问我，中国创业者难道不是美国人说什么，中国人就学什么吗？KK用了一个形象的比喻，美国成功者在台上说的内容，中国人就在台下一笔一划地照抄在笔记本上。他最后总结，中国企业家的"好学生"形象反而扼杀了原本应该离经叛道的创新者的创新精神。

回国后，杂志新一期封面选题的报道对象又是360董事长周鸿祎先生，在中国互联网的权势者中，他给外人的印象绝对不是一个"好学生"形象。他见到我的第一句话就是，他是中国互联网的trouble maker。

的确，我眼前的周鸿祎先生彻底打破了中国商人倡导的生意文化里"以和为贵"和"和气生财"两条原则。某种程度上说，他与360公司成长史就是一部中国互联网的交锋史，他成为了与腾讯、百度等互联网巨头正面交锋后的少数幸存者，从樊篱的围困中脱颖而出，获得了世俗意义上的成功。他的创业经历极具好莱坞大片的情节逻辑，在中国互联网的发展史上，他数次引发巨大争议，但在危机之时都化险为夷，最终成长为中国市值百亿美金的互联网公司的执掌者。

在中国互联网公司的缔造者中，也从未有一个人像他一样，在世俗评价体系里享有毁誉参半的名声和如此多自黑和被黑的段子。爱他者赞他打破垄断，恨他者骂他沽名钓誉。在某些人看来，他与巨头间的战争无关道义，而只是地盘之战。

但在2014年，公司体量中等、自己身材中等、已经人到中年的周鸿祎的经历，对中国互联网的意义也许会变得更为重要——今天，新的移动互联网创业潮正在开始，当年周鸿祎与巨头间的搏杀已经成为现在小公司成长中遭遇的普遍现象。是被巨头扼杀还是杀出重围，是保持独立还是成为巨头的代理人，对众多互联网创业者来说，都是全新而又不得不面对的命题。

另一方面，正如马云所说，互联网的机遇就是对传统行业的完善与改变，中国互联网现在的阶段是"唤醒"，第二阶段是参与，最后到繁荣。从唤醒互联网意识到参与互联网变革的转型中，传统创业者对陌生而又强大的互联网和急吼吼喊着要颠覆他们的互联网从业者产生焦虑。

最近，周鸿祎先生出了一本新书《我的互联网方法论》，书中倡导的自由、免费、开放、用户至上的理念也是当年他与巨头周旋的生存法则。他希望这本书成为创业者和传统行业中人的"AK-47"，熟悉枪械的人都知道这种枪被誉为枪械之王，杀伤力大、皮实耐用、易生产，也是现实和电影里资金缺乏的反抗军发家时最常用的一款利器。和年轻时直接赤膊上阵与巨头掐架的周鸿祎相比，向创业者发枪成为已经44岁的他反抗巨头的新一轮策略。

我并不清楚，二十多年前，这位曾和如今爆红的微信创始人、当年的产品经理张小龙四处游走在广州阴暗、悠长巷子里只为买碟的周鸿祎先生是否看过美国电影《雪国列车》和《饥饿游戏》，但有一点确定的是，新的反抗者们正在聚集，新的反抗之路也在此刻开始形成。

我们除了关心新的反抗者是否能够冲出重围外，更关注在新一轮的反抗中，反抗者是否通过真正的创新而非残酷的斗争史上位。他们是否能够最大限度地避免"革命"初期和原始积累阶段可能发生的僭越与破坏规则。在与周鸿祎的对谈中，他向我坦承，在创业的路途中，他曾走过的弯路。另外，我们也应该关注，在颠覆传统产业的路上，新的反抗者是否能够尽可能减少"革命"伴生的暴力性所带来的社会阵痛和负面影响，比如机器代替人工造成的失业现象，比如盗版问题。

我们也希望，这波新反抗者的出现能促使巨头们做出策略上的调整，使他们开始学会投资和并购创新企业，改变当年面对新来的挑战者一味扼杀的手段。回到文章开篇KK的提问中去，周鸿祎认为，现在是输出中国互联网价值观的时候了，他对我提及的KK故事的看法是，有时候美国人也看不懂中国人的创新模式。

先不论周鸿祎先生观点的对错，至少这位trouble maker已经开始向他的信众发枪了，我希望，这一次他创造的是中国互联网商业文明的新元素，而非仅仅是王朝的更迭。

（2014.9.5）

幸存者周鸿祎

　　幸存者周鸿祎不止一次向人讲起电影《让子弹飞》中那个令人激动的场景，他觉得自己的行为与姜文有相似之处。只不过，他说，姜文发的是枪，自己发的是思想。

　　2014年8月28日中午，360公司董事长周鸿祎的话匣子是被他的熟人、微信缔造者张小龙打开的。不久前有媒体报道，周鸿祎劝说当时的张小龙在Foxmail上加广告。在那篇媒体报道中，张小龙被塑造成一位不食人间烟火、高举理想主义的青年，而周鸿祎则被塑造成更加关注商业化。显然，周鸿祎对这样的描述不满，"我不可能很傻地去劝张小龙加广告，这是伪命题，伪故事。"

　　周鸿祎模糊地记得，当时他对张小龙的建议是希望张小龙将Foxmail客户端与服务端的互联网连接起来。这一次，周鸿祎显得骄傲且有底气，他毕竟曾是中国互联网里最早使用免费策略击溃巨头获得成功的产品经理。

　　早在16年前，周鸿祎就和张小龙一起被誉为中国互联网最好的产品经理，张小龙是拥有200万用户的Foxmail的缔造者，而周鸿祎则是方正软件研发中心的一名副主任，两人早早成名。但他们的未来走向却大相径庭，一人从创业者阵营投向巨头，成为腾讯开疆拓土的大将，而另一个人则走向了巨头的对立面，成为巨头最痛恨的麻烦制造者。

周鸿祎最后一次见到张小龙是两年前，在结束和马化腾你死我活的3Q大战之际，两人相约在广州喝毋米粥。桌上摆着海鲜、鱼片、米粥和油条。昔日好友会面，饭桌的话题直接且百无禁忌。

周鸿祎回顾他记忆中的饭局场景：刚开始，张小龙就向周鸿祎吐槽雷军，因为米聊打不过微信，雷军老是说微信是QQ的马甲，是借了QQ的用户做起来的。当时的周鸿祎回应也十分激烈，他同意雷军的看法，腾讯有即时通讯的基因，对张小龙还是起了很重要的帮助。

饭局快结束的时候，周鸿祎说："张小龙有点委屈地告诉我，'你们是不知道，当时最想干掉微信的不是米聊，而是手机QQ。'"

面对《博客天下》记者，周鸿祎试图以自己曾经的际遇去理解张小龙。周鸿祎25岁加入方正，因为性格上的自负没过多久被"发配"新疆，最后埋头蛮干，做出了一个新的综合业务系统，为方正赚了三千万，又被调回总部受到重用。

他告诉《博客天下》，张小龙也是一个自负又骄傲的人，Foxmail失败后被放逐到广州研发部，山高皇帝远，张小龙内心不服气，要重新证明自己。

"就像一个人练功一样，本来不是武林高手，但是躲到山林里苦练武功，日积月累，内力增强。"周鸿祎这样解释这位与他有类似经历的产品经理的人生反弹。

如今苦练功夫的周鸿祎成了中国互联网20年中与巨头绝地搏杀后的少数幸存者。作为幸存者，他几乎在所有场合都表现出对中国互联网巨头垄断的担心。他认为，这种局面对于中国的年轻一代是悲剧。"如今中国内地的互联网基本还是70后的人唱主角，10年前是我们这些人，那时我们30岁，现在我们40岁了，一开会还是这批人。再过十年，没准儿还是一帮50岁的老家伙继续谈经论道。这对这些老家伙们来说是幸福的，但是对中国80后、90后，甚至00后来说，那真的是悲剧。"

在360公司出现前，互联网巨头公司对创业者一度攻城拔寨、战无不胜，巨头拥有的资本与技术的利器在创新者头上挥舞，有时候，给创业者带来的还可能是牢狱之灾。

2008年，珊瑚虫的作者陈寿福被逮捕，稍后被判3年徒刑。这个可怜的程序员对QQ程序进行了修改，推出了珊瑚虫版QQ，在腾讯QQ基础上增加了探索IP的功能，还去除了QQ的广告。

周鸿祎还提醒记者在百度上搜索他的名字，他说，估计整个互联网界只有他一个人享受百度这样的特殊待遇。在百度上搜索"周鸿祎"，搜索结果界面的右边被特地划出一块区域，挂着一则新闻，点进去，法院的判决公告。这是3B大战后，百度给周鸿祎留下的痕迹，他称它为——大字报。

《让子弹飞》是44岁的周鸿祎在公开场合最爱提及的电影。8月24日，在周鸿祎新书《我的互联网方法论》发布会现场，台上的他至少提及3次。

影片中，姜文扮演的张麻子要攻打作恶一方的黄四郎，但黄四郎藏身于坚硬古堡之中，最后张麻子利用居民对黄四郎的积怨，给他们发枪，影片最后，无数人举着枪叫喊着冲进森严的古堡。

姜文饰演的张麻子与周鸿祎的人生经历有着某种程度的契合：草莽出身使他们这类人都无视正统的训诫，横溢的才华和叛逆的性格又使他们走上无尽险境的反抗之路。同为混乱的时代，同是反叛者的血液。

周鸿祎自己也不止一次向别人回忆起这个令人激动的场景，他觉得自己的行为与姜文有相似之处。只不过，他说，姜文发的是枪，自己发的是思想。

在新书发布会当天，周鸿祎对着台下人说，《我的互联网方法论》这本书里写的都是这些年他与巨头缠斗的生存技巧，他将其称作"给后来的创业者空投AK-47"。

新书发布会后，《博客天下》记者进入了一场由出版社举办的价值42万的创业者私密宴会，这场午宴被视作台上的周鸿祎向创业者"发枪"的仪式，他决定将这些年他与巨头绝地搏杀后的生存经验教授给前来参与午宴的创业者，他像一位新的反抗队伍的领头者，希望从14个年轻人中挑选合适的门徒。他告诉《博客天下》："如果创意够好，360公司有可能将他们收入麾下。"

宴会上的14位客人从上海、湖北、深圳等地专程赶来。他们通过时下最流行的方式"众筹"获得了付费29999元与周鸿祎吃饭的机会。他们从事旅游、教育、电商、游戏、医药、互联网金融等不同行业，有的甚至和互联网还扯不上关系。他们中最小的才25岁，他们都拥有满腔热情但却缺乏技艺。

在宴会前一天，一位来自武汉的赴宴者在微博上发布参会预告，他将周鸿祎称作"互联网时代的顶峰人物"，这位年轻人对午餐会的期许是：此次午餐会将会成为中国互联网时代最具影响力的顶层私密圈。

午餐会上，周鸿祎一身红衣，他的右手边坐着真格基金投资人徐小平，这是一个反抗军领袖加创业导师的搭配，14位他的"信徒"分列两旁。

顺德拆鱼羹、京烧银鳕鱼、蟹粉狮子头、云袍杞子炒肉带、翡翠黄金大虾球、干葱豆豉爆鸡、XO酱蜜豆炒牛柳粒、黄姜脆鲜鱿、白饭鱼煎蛋角、竹笙鼎湖上素、虫草花浸胜瓜、潮州海鲜泡饭、港式杨枝甘露。席间一共有13道菜，被3位服务员以平均8分钟一道的速度端了上来，菜肴美味而丰盛。可惜的是，宴会上那些年轻人的眼光很少在美食上停留，甚至有许多食物被原封不动地端下了餐桌。

只有周鸿祎一面觉得自己有些饿了，一面又担心地说："你们花了3万元钱来跟我吃饭，弄得我很紧张，不得不一直说话。"

坐在周鸿祎对面的一位男士首先发言，他介绍自己在做的在线教育平台，他告诉周鸿祎，他要在线上聚集一百万用户，明年在鸟巢举行万人大会。

周鸿祎则回复他，"你可能没这号召力。"男士不服，如果做起来呢？周鸿祎摇了摇头说，你做不起来，你有什么方法让这一万人来？

另外一位男士上来第一句话就是：周总，我深受您"用户至上"思想的影响，您是我们行业免费的先驱……周鸿祎直接打断他："你别说这些没用的，时间宝贵。"

这位来自武汉的创业者告诉周鸿祎，自己在做一个一日游项目，他决定用劳斯莱斯和宝马来接送游客，理由是听了周鸿祎说的"用户体验"理论。但周鸿祎告诉他，用豪车接送游客，并非自己所说的"用户体验"，他给这位男士分析：有兴趣参加一日游的，"一定不是什么高帅富，肯定是屌丝"，这类游客，要么图便宜，要么图方便，用劳斯莱斯接送纯属浪费。

席间，周鸿祎最感兴趣的，是一位25岁男士在做的游戏融资项目。"你怎么找投资人？怎么找游戏？怎么赢利？"周鸿祎一连问了五个问题，创业者满意的答案让他迅速回复这位年轻人，360有资金、有好的推广平台，并让这位年轻人会下和他联系——这个项目将被纳入周鸿祎正在紧密布局的360手机游戏王国。

面对这些眼里闪烁着渴望财富和得到创业秘籍的创业者，周鸿祎最常说的话是："你这个模式最大的问题是……""你们现在最容易犯的错是……""现实点，没有钱没有用户，再好的模式也是空谈""你这么矫情，对你来说并没有好处。"

他对这些创业者最不满意的是，他们总是用大而空的语言来描述自己的公司和项目。他反问，用两句话说清楚你的公司是做什么的难道这么难？

他对着一位做网贷的创业者说，"概念是最没有意义的，你说你做了一个众筹平台，我哪知道众筹平台是什么？现在借钱买车都叫众筹。"然后语气又缓和下来，劝告这些创业者，面对投资人和客户，一定要把具体业务讲清楚。

午宴持续了两个小时，周鸿祎对创业者的创业模式更多是批评而绝少赞扬，他像一位严厉的教官调教这帮空有热情但缺乏技艺的新兵。

他知道，如果不改变，餐桌上的多数人甚至是全部都将在未来残酷的商业战场上中淘汰，幸存者只可能是少数。

他不希望这些创业者把他的话当做灵丹妙药，但又忍不住对餐桌上的所有创业者说："在关键时刻，年轻人还是需要我们这些老江湖来把关。"

这是一种赢家的心态，尽管可能是险胜。在过去的20年里，周鸿祎至少与多家大公司捉对厮杀，濒临崩溃、死里逃生，也让他成为互联网版图里对巨头最坚定的反抗者。

他告诉《博客天下》，这次他所谓向创业者"发AK-47"也为多赢。他说："因为就剩下我和巨头，我觉得我也干不过巨头。这个像玩相扑，你好不容易到了100公斤级，腾讯他们都2000公斤级了，你怎么玩啊？"

创业者孵化器极客公园的创始人张鹏证实，最近这些年，周鸿祎成为最常去创业者论坛上给创业者讲课的导师之一。

也的确有人受到周鸿祎的刺激。

3年前，张一鸣来到极客公园，彼时他还未创办日后出尽风头的今日头条，坐在最后一排的他默默地听当天的演讲嘉宾周鸿祎训斥台下创业者："要耐得住寂寞，在创业两年内，创业者都不要来这种场合参加演讲。"

3年后，张一鸣作为今日头条的创始人重新登上极客公园的演讲台，他对极客公园创始人张鹏说的第一句话就是，"现在刚好创业两年，所以我就来了"。

接受《博客天下》采访当天，周鸿祎告诉记者，他痛恨别人对他搞血统论。

"我觉得这样做很男人，就是你们谁也别干流氓软件，我把这个产业彻底打掉了。现在我已经做了我该做的事情，通过开发360来保护网民安全。"周鸿祎向《博客天下》解释自己做360的逻辑起点。

回顾中国互联网二十年的是非，周鸿祎喜欢称自己为"幸存者"。

一天晚上，记者问周鸿祎，这么多年你仍然幸存于巨头丛林，你的秘籍是什么？这一次，他并未提及这些天他常说道的生存术和方法论，更多是对多年艰难反抗经历的唏嘘："幸运而已。"

⫿ 周鸿祎人生脉络

1970年10月出生于湖北黄冈，父母都是测绘工程人员。

1988年考入西安交通大学电信学院计算机系，本科毕业后在西安交通大学管理学院攻读研究生，获硕士学位。

1995年进入方正集团，先后担任程序员、项目主管、部门经理、事业部总经理等职，从普通程序员被先后提拔为研发中心副主任、事业部总经理等职务。

1998年从方正集团辞职，创建北京3721科技有限公司，提供网络实名中文上网服务。

2004年3月把3721卖给雅虎，并担任雅虎中国总裁，全面负责雅虎及3721公司的战略制定与执行。任职期间，雅虎中国推出了"一搜网"、1G免费邮箱等多项互联网业务。

2005年8月从雅虎中国辞职，以投资合伙人的身份正式加盟IDG（国际数据集团风险投资基金），先后投资了包括迅雷、酷狗在内的多个创业项目。

2006年8月投资奇虎360科技有限公司并出任360董事长，采取免费杀毒模式，使公司迅速成长为中国最大的互联网安全服务提供商。

2011年3月带领360公司在美国纽交所上市，开盘当日其股票开盘价为27美元，盘中最高时涨至34.40美元，收盘34美元。

2014年8月出版《周鸿祎自述：我的互联网方法论》，讲述他的互联网观、产品观和管理思想。

（2014.9.5）

对话周鸿祎

　　2014年8月28日，2014中国互联网大会闭幕论坛在北京举行。360公司董事长周鸿祎和搜狐公司董事局主席兼首席执行官张朝阳在闭幕论坛上对中国互联网的新格局与趋势进行了探讨。（图/尹夕远）

博客天下：你进入中国互联网20年了，你认为自己对它最大的贡献是什么？

周鸿祎：第一我们2006年把祸害网民的流氓软件产业链彻底绞杀掉了，又推出了免费杀毒；第二是打破了互联网的垄断。通过3Q大战，改变了腾讯的做法，让它开始做投资和并购；第三是改变了中国搜索原有的格局。举个例子，腾讯本来对搜索已经很失望了，搜狗很多年都没有做起来，我们在搜索做出百分之三十的份额，又使他们有了信心。

博客天下：在商业化方面，你和刚创业时比起来有变化吗？

周鸿祎：其实感觉没什么变化。我一直不太关心商业化的东西，如果你让我说我做的这件事将来能挣到多少钱，这对我来说是一种很大的精神压力，我真的不知道怎么做，如果我没有挣到多少钱，我可能会觉得很沮丧。比如张小龙在微信里设立"公共账号"，这种商业化的想法非常高明，我肯定想不出来。但是到今天来讲，我有能力自己或者带着别人做出一个很有意思的产品，希望它很酷，很多人都能用到，我对这点从来都不怀疑。

博客天下：360在刚开始也是用免费把整个安全行业占领了，但是现在你说要有多样性，不要垄断。你怎么去控制自己强大的欲望？

周鸿祎：好多东西不用去控制，互联网也不是靠控制产生的。任何公司，包括今天的BAT，大家都想长生不老、万世不朽，这是不可能的。人有生老病死，企业有新陈代谢，这是无法抗拒的必然规律。一方面我们内部可以不断培养新人，在内部自己颠覆自己，就像微信在内部颠覆了手机QQ一样；还有一种方法是投资，通过投资的方式，在外部培养创新的企业，等待它将来能够长大；还有就是输出价值观，拿思想武器去武装创业者。

博客天下：你常常批判巨头们有大公司病，现在360规模也不小了，特别是要打算进入到新的领域中去，如何避免路径依赖？

周鸿祎：每个公司都会有路径依赖，这是人的本性。

我觉得有两种方法，第一是投资，360没有巨头那么多钱，但是也投了好多小公司，其实腾讯今天投资的方式是我分享给马化腾的。第二我认为公司大小跟规模无关。也许有的公司人员很多、收入规模很大，但是如果能保持敏锐快速、不断创新，就像今天的谷歌一样，那可能就不叫大公司。有的公司虽然小，但是已经过早地衰老了，很慢、很守旧，那就是有了大公司病。

博客天下：你说腾讯今天投资的方式是你分享给马化腾的，你跟他交流过吗？

周鸿祎：其实我们在3Q大战前后都交流过。大战前，我给他发的短信，我说你何必对每个公司都赶尽杀绝呢，你也是互联网的顶级人物了，应该用开放心态去支持大家的发展。大战后，互联网协会为了促进双方和解安排吃了几次饭，在饭桌上跟马化腾有一些交流。事实上今天马化腾也确实是这么做的，比如说他放弃了电商，去投资京东；他放弃了O2O，去投资大众点评；他也放弃了自己的搜索，去扶持搜狗。

博客天下：现在你算是最常去参加创业活动的互联网大佬了，是不是现在心态也有一些变化，比如原来是要面对面地和巨头们较量，现在是在扶持整个产业？

周鸿祎：也可以这么理解。我很少出席高大上的、给中国指引方向的会，但是喜欢参加比较草根的创业者的会。很多成功人士更想把自己放到神坛上，所以要保持神秘感。我跟他们最大的不一样就是我特别乐意分享自己真实的思想，甚至是我犯过的错误。美国的创业导师也这么分享失败，大家就会觉得越是这么说的人就会越受尊重。我为什么愿意去分享？因为我认为中国的年轻人今天不缺激情，也不缺钱了，缺的是师傅。

博客天下：那你在这些会上都最经常讲的是什么？

周鸿祎：会分享大量行业的例子，用小米、腾讯、阿里巴巴、百度举例，有时候也不小心拉仇恨。但是我希望中国有更多的创业者能够快速成长、少走弯路。这样的话这个产业会更加繁荣，生物进化的前提是生物的多样性。

中国互联网应该有几棵大树，也有很多小树，还有灌木、草，这样才会繁荣。如果只是孤零零的一块荒漠，几棵大树把阳光、雨露、养分全吸走了，大树下寸草不生，那么360可能也活不下去。如果有一天我退休了去做投资，我都不知道去投谁。

博客天下：今年有遇到特别优秀的创业者吗？

周鸿祎：在美国撞见了不少，在国内也撞见了一些。正好我也借这个机会说一下，我会喜欢什么样的创业者呢？第一就是说有点理想主义色彩，但也不是空谈；第二就是我觉得创业者要有点创新，做一个前所未有的事情也不太现实，但是他一定要有所不一样；第三是创业者不能自负，要能够承认自己的无知和不足，这样他才能学习。

博客天下：那你接下来还有哪些支持年轻人创业的计划？

周鸿祎：可能将来我会做一个视频脱口秀的节目，我正在挑是跟高晓松讲，还是徐小平，还是罗振宇。我希望能影响更多的创业者，我把这个比喻成我在输出AK-47。电影《让子弹飞》里面，主人公姜文他们几个人，势单力孤，为了攻打那个古堡，就给居民发枪。什么是我说的枪呢？我觉得是思想，是创业的经验和教训，是价值观，是互联网思维。

博客天下：这些年你在采访中提到一些比较欣赏的人比如马化腾、雷军、陈彤，他们很低调。你自己是高调的人，为什么欣赏的人都是低调的？

周鸿祎：别人问到我，我总要夸奖他们一下。你不觉得我总是赞美别人吗？连媒体采访雷军，我都尽量给了他赞美和认可。人都有优点、缺点，我不会因为不喜欢这个人，改变我对他的客观判断。另外我觉得我并不高调，其实我在很多地方都很低调，我也不去出席各种高大上的会，穿得也跟个屌丝一样。然后前两天还有人在网上发我15年前穿丝袜的照片来讽刺我，那个年代不就是尼龙袜吗，还能怎么样呢？幸好不是黑丝袜。

博客天下：1994年你大学毕业，初入中国互联网，现在已经二十年了，你如何总结这段经历？

周鸿祎：我做了一件自认为是比较男人的事情，用360把这些流氓软件都给干掉了。当年这个行业里面，很多人都是在靠SP（手机短信扣费）才挣了钱，才活了过来。我认为SP是一个更恶劣的行业，这个行业里边今天有人成了首富，还继续坚持给虚假广告开绿灯。我是一个有优点、有缺点的人，但是我认为我的优点远远大于我的缺点，而且我是很真实的。

（2014.9.5）

周鸿祎生存术如何炼成？

坦白讲，免费、自由、产品至上的互联网理念绝非周鸿祎所创，而是互联网诞生之初的本质精神，但周鸿祎将它杂糅成了自己多年立于互联网丛林的生存术。

超过2.5亿人使用的360安全软件缔造者的思想起点是一次技术思维与享乐文化双向刺激的结果。1991年，西安交通大学大四学生周鸿祎坐在一列从西安驶向北京的列车上，21岁的他即将毕业，班上的同学大多选择在西安就近实习，但他的目标是中国高科技的核心地带中关村，那里正卷起新的技术革命和财富风潮。

列车上，周鸿祎的带队老师正捧着一本薄薄的《硅谷热》消磨时光，他推荐给周鸿祎也看看。周鸿祎翻开后，就不肯再放下，下车后，老师干脆把这本书送给了他。

尽管后世的硅谷书籍层出不穷，但这本小书兼具故事、专业和煽动力，在今天看来也毫不过时。作者把硅谷描绘为一个充斥着技术天才、狂热精神、丰厚物质的创业圣地。虽然那时80年代中后期的PC革命还没有到来，但硅谷传奇的领军人物在书中已经出现。开篇就是乔布斯和沃兹尼亚克创立苹果公司炫目的发迹史。惠普创始人休利特和帕卡德的车库创业、英特尔公司创始人格罗夫的暴富神话无一不振奋人心。

在未来的人生中，周鸿祎把《硅谷热》书中的故事反反复复读了很多遍。开始最激荡他的可能是硅谷毛头小子们敢想敢干的一腔热血，但到后来，思索和价值观开始在他的脑中潜移默化地生根。至今在周鸿祎的书架上，仍摆放着两本翻得卷边的《硅谷热》，除了火车上老师赠送的一本，读研究生时，周鸿祎又自己买了一本。

周鸿祎告诉《博客天下》，他的嗜好是看书看碟，如今他仍然保持一年至少看一百多本书的速度，在他的办公室里有一面墙的书、CD和黑胶唱片。在与《博客天下》记者的交谈中，他也不时提及不久前出版的畅销书《反脆弱》和2009年出版的《异类》对他的启发。从他谈论的书中，可以大致归纳出他的互联网思维形成的脉络。

很难说清，当年周鸿祎感受到的是《硅谷热》中技术文化的吸引，还是英雄主义对年轻人肾上腺的刺激。但这本书确实将当年只有21岁的他引向了一段危险与未知、财富与机遇并存的全新旅程。

硅谷热

"硅谷是一种地利，在这儿，我们可以找到风险资本，我们可以找到供货者和卖主，他们需要我们取得成功，并且我们还能找到使我们得以成功的人才。"

——《硅谷热》，埃弗雷特·罗杰斯，1984年

一位记者在采访周鸿祎的文章里写道，周鸿祎在西安交大读书时，为了研究联机词典，有一次他拷了词库回家。当时学校老丢硬盘、网卡和CPU，他就成了嫌疑人。警察带走周鸿祎的时候，正是一个月黑风高的夜。警察对周鸿祎采用"疲劳战术"，周鸿祎则向警察讲《硅谷热》。如果不是周鸿祎亲自对一位传记作家口述，人们肯定

会认为这个场面难以理喻，但故事真正的重点是，这位年轻人正在受到硅谷文化的感召，并且坚定他所相信的事物。

《硅谷热》1985年在中国出版，差不多在同一时间，美国硅谷的热度传导进了中国。也许是书中记录的苹果公司缔造者乔布斯与沃兹尼亚克的故事与周鸿祎有诸多相似之处，以至于周鸿祎后来说，这是他第一次明确地知道，自己想成为什么样的人。

书里描写的硅谷青年都非常爱折腾，并且折腾的目标很明确。1976年，乔布斯与沃兹尼亚克在车库里开始攒第一代苹果电脑。为了得到所需的电子元件，乔布斯装成大公司经理，与供应商签订赊方贷款合同。研究生阶段的周鸿祎也非常关注市场需求，看到防病毒公司瑞星成天在报纸上打广告，他也决定开发一款防病毒卡。当年计算机有限，为了得到更多上机时间，他让同学把他锁在机房里，半夜再从窗子爬出去。

年轻和才华最壮人胆气。反叛、对产品的偏执性格、勇于表现成为了《硅谷热》中这些创业者身上的特质。Apple II 大卖之后，乔布斯仍然邋遢、臭烘烘地去见合作伙伴。而周鸿祎在研究生阶段开发的防病毒卡拿到全国大学生"挑战杯"二等奖，这份荣誉足够他找一个好工作，但他不在乎荣誉，只想效仿乔布斯和沃兹尼亚克把产品卖出去。他揣着防病毒卡敲开瑞星的门，但瑞星不以为然地把他请了出去。

中美的创业者在创业初期确实有很多相似之处，他们在拥有满腔热情大无畏时却缺乏技艺和经验。所以，《硅谷热》的作者罗杰斯除了总结激动人心的财富故事和宣扬硅谷独特的技术文化外，更贴心地为互联网门外汉普及了组建公司的专业知识，他总结了一篇类似创业攻略的《一个高技术新企业诞生的步骤》：从想到一个点子开始，到组建团队、寻找风险投资。

现在看来，这些理论显得平淡无奇，但在90年代初的中国，这些劝说人创业的理论被周鸿祎这样特立独行的年轻人发现，并接受其指引。

⫴ 创新者窘境

"成熟企业总是能在一轮又一轮的延续性技术浪潮（它们的消费者所要求的技术）中保持领先地位，但往往在面临更为简单的破坏性技术时遭遇失败。"

——克莱顿·克里斯坦森，《创新者的窘境》，1997年

2005年离开雅虎时，周鸿祎刚刚经历了3721的失败，那次被他称为"价值10亿美元的失败"正是不重视用户体验的结果。此时软件行业巨头林立，后来被称为BAT的三家巨头势力也已经形成。选择什么业务重新进场，是摆在他面前的棘手难题。

周鸿祎决定从发布一款查杀流氓软件的360安全卫士开始。后来，他多次谈到，这个决定背后，是哈佛商学院教授克莱顿·克里斯坦森所写的《创新者的窘境》给了他启发。

如果说《硅谷热》培养了周鸿祎"产品至上"的理念，那么《创新者的窘境》教会了周鸿祎如何运用"颠覆式创新"找到巨头势力暂时没有找到或无力干预的创业领域。

克里斯坦森曾在波士顿咨询公司担任顾问，目睹了高科技浪潮里许多风水轮换的故事，巨头们昨日风光，转眼被一些籍籍无名的小公司颠覆。他发现，那些具备破坏性技术或者暂时只为边缘消费者服务的产品，即使暂时低于主流市场成熟产品的标准，但也可能会从占领小范围市场开始，在未来变得极具竞争力，直到彻底颠覆巨头。

2006年，周鸿祎尚不足以与瑞星、金山、江民等成熟安全厂商正面较量，于是他把用户对查杀木马和卸载流氓软件的需求区分开来。360安全卫士只帮助用户监测和卸载流氓软件，而且让用户免费使用。

对于周鸿祎重新入场的新战略，其他安全厂商既不能实施免费杀毒的策略，也因为利益纠葛不能对流氓软件像周鸿祎一样狠下杀手。不久，360安全卫士装机量突破两亿，周鸿祎的这次回归亮相也被证明是聪明而体面的。

⦀ 反向定位

"由于可能之机太少，公司必须通过给已经在人们头脑里占有一席之地的竞争对手重新定位来创建空当。换言之，要想使一个新理念或新产品进入人们的头脑，你必须首先把人们头脑里原有的相关理念或产品排挤掉。"

——《定位》，杰克·特劳特，1981年

2008年，基于360安全卫士在市场上的良好反馈，周鸿祎准备推出360杀毒软件，正式展开与瑞星、金山、江民等主流安全厂商的竞争。

以360公司当时的体量，这并不是一个进场的好时机。营销战略学家杰克·克劳特曾在《定位》中写道：在传播过度的社会，用户的头脑最多只能给两个品牌留出空间。而那些没有在用户心中建立起位置的品牌，最终会连带其组织一起消失。一直称自己是定位理论忠实信徒的周鸿祎不可能不知道这一点。

产品想占领用户的心智，最好的办法是把自己"定位"为新类别，或者新功能。要正面抗衡行业巨头，"反向定位"的逆推是非常有效的动摇人们理念的方法。站在对手的对立面，利用对手无法回避的缺点，来表达自己的优点。

在周鸿祎对360杀毒的设计，以及后来与巨头的一系列论战，他忠实地践行着这一点，每个设计都指向竞争对手的软肋。360杀毒主打简单、顺畅，在用户运行全屏显示的程序时，绝不会跳出弹窗提示。周鸿祎要让用户看到在所有设计上，360的理念都与竞争对手截然不同。

除此之外，周鸿祎还在酝酿一个更大的计划。如果能够实现，这将成为掀翻对手的杀手锏。

‖ 免费

"'免费'能重塑顾客心态、创造新市场、打破旧习并让所有产品看上去具有更加吸引人的独特魅力。免费并不意味着无利可图，只是意味着从产品到利润走了一条曲径通幽的道路。"

——《免费》，克里斯·安德森，2009年

周鸿祎早就了解免费对用户的魔力，如果成本和盈利可控，它绝对是互联网产品的核心竞争力。2005年之前，周鸿祎在给原康盛创想创始人戴志康做天使投资人时，建议戴志康把Discuz!社区免费提供给用户。"一个月你挣20万，到明年一个月挣30万，又能怎么样，你还不是一个小公司？但如果把它免费了，将来就是一个平台。"戴志康开始不太相信，2005年宣布免费后，Discuz!的用户实现量级飞跃。

2009年10月，在深思熟虑后，周鸿祎宣布360杀毒完全免费上

线。上线不足3个月，360杀毒装机量就已过亿。周鸿祎说，这个数字他自己也没想到。一石激起千层浪。安全厂商齐齐站出来，质疑周鸿祎发起免费杀毒，是在搅浑行规，网上出现了大量攻击文章。

这时，《连线》杂志主编克里斯·安德森在2009年所写的新书《免费》帮了周鸿祎一个大忙。《免费》出版时，正值整个市场遇到了行内"叫好不叫座"的罗生门难题。Facebook、YouTube、Twitter，以及中国当红的新浪微博，它们已成为大部分用户互联网生活的一部分，却找不到稳定的盈利模式。安德森肯定了用户本身和流量在未来的巨大价值，并预测了他们可能的三种盈利模式。第一种是交叉补贴，比如购买产品，赠送服务。第二种是三方市场，向用户免费，向第三方比如广告商收费。第三种是免费加收费，比如对大多数用户免费，向少部分增值用户收费。

在周鸿祎的360免费杀毒中，这三种盈利模式都有变现的可能。360杀毒也果然如安德森所预测的，依靠免费迅速获得了市场的绝对占有率，进而成为中国互联网的流量头名。接下来几年中，360通过衍生布局浏览器、搜索、游戏，乃至开放电商平台都获取了更大的利益。2014年第二季度，360公司的单季营收达到3.179亿美元。成为了真正意义的互联网吸金巨头。

▓ 生存术

"我们文化的一个深层次问题是从众。如果有人特立独行、与众不同、标新立异，特别少数派，我们都不会太看好。如果你干的是人人都能看明白的事，你就会被认为是靠谱，有前途。但很可惜，大家都觉得有前途的事情，往往没有前途。"

——《我的互联网方法论》，周鸿祎，2014年多年以来，周鸿祎一直是斗争者，也是发声者。他曾因背弃了用户差点万劫不复，又因重寻用户价值再次重返市场。在不断与腾讯、百度的论战和斗争中，他争得了生存和成长的空间，也在客观上改变了许多行规。

2014年，互联网焦虑症正在向传统行业蔓延，原有商业价值体系正被颠覆，新巨头和新法则破土待出，业内的倾轧与绞杀变得更加焦灼。更残酷的是，移动互联网的颠覆速度猝不及防，前景一时不明，巨头对新兴企业的收编常常急迫而盲目。周鸿祎如今把自己多年的互联网心得、演讲、文章整理成《我的互联网方法论》一书出版，这是他在摸爬历练中归纳出的一套中国式的互联网思维。

在公众场合，周鸿祎很少避讳说出自己对创业经验、商业陋习，甚至竞争对手的观点，这显得他的难能可贵。毕竟在中国互联网界里，真正愿意开口的大佬太少了。周鸿祎主要的竞争对手们，有的爱谈安全的理想主义，有的出言谨慎，有的干脆半隐居起来，只在幕后运作。

SOHO中国的董事长潘石屹最近拜访了周鸿祎后，发了一条有趣的微博："你们互联网企业为什么总是在吵架？我都分不清谁和谁是一伙的。你看我们房地产企业，很少吵架，跟同行有时也拌个嘴，都是理念之争。周总说，我们是搞网络安全的公司，就是网络上的警察，警察跟坏人能没有冲突嘛。"

在周鸿祎看来，自己是暴露在水面上的人，自然要多挨些子弹，但并不意味着别人那些水下的生意就清净无波。

（2014.9.5）

第五章

曹国伟：颠覆与平衡

颠覆与平衡

　　儿时体操经历训练出来的平衡感至今仍被曹国伟用作处理他在商业世界中的平衡关系，我们好奇，这位遵守世俗平衡规则的商人是如何完成这场移动浪潮下社交工具领域的颠覆，乃至中国舆论场的变革。又是如何与自己亲手缔造的中国最具颠覆力的社交工具——微博达成和解。

本刊记者/张伟　汪再兴　梁君艳

实习生/程曼祺　李梦阳　陈文希　图片策划/王唯一

　　微博上市当天，在纳斯达克交易所外的时代广场，曹国伟将手亲昵地搭在他在美国波士顿读高中的大女儿肩上，一起庆祝微博IPO。曹国伟的大女儿当年高中毕业，将赴沃顿商学院读本科。共同出席仪式的还有微博女王姚晨和华人明星王力宏。（图/林海音）

　　纽约，2014年4月17日早晨8点30分，据微博上市敲钟还有一小时，新浪董事长曹国伟坐上一辆黑色奔驰轿车，准备与众人一起从曼哈顿中城四季酒店出发，前往位于42街与百老汇大道交汇处的纳斯达克交易所。这段旅程本来只有1.3英里，不堵车的情况下6分钟即可到达。而车子开出酒店后，来自纽约的司机竟然记错了地址，错误地直奔6.4英里外的华尔街，差点儿上了去市中心的高速，端坐在后排右座的曹国伟发现了这一点，及时提醒司机改变了方向，避免了尴尬而狼狈地迟到。

　　曹国伟另一次及时转向的要求发生于2009年6月的一个下午。在理想国际大厦20层的第二会议室里，他花两个小时听取一款叫"朋友"的社交产品汇报。此前，这款产品已经投入上百位工程师，研发两年左右。内测数据并不差，下一步应该是公开推广，但曹国伟突然决定终结这款产品，理由是"两个小时没有听明白产品的核心卖点是什么"。他要求将其中一部分功能单独研发，这就是后来的微博。

　　如今担任微博CEO的王高飞告诉《博客天下》，当时，他所在的开发团队也认为"朋友"虽然达标了，却并不理想。但停掉一个已经开工的项目，对新浪来说格外需要魄力。曹国伟下定决心后，他们心里的石头全落了地。"老大拍板了。"

　　长期以来，"拍板"这个词对新浪公司的意味远比对其他互联网公司重要。作为一个以股权分散著名的公司，新浪的每一任领导都受到众多方面的牵制，不得不多方平衡。

　　如果新浪是一辆前进的汽车，那么防止出错和找到正确的路对曹国伟来说是两个同等重要的任务，但有时候两者存在矛盾。一家公司未来的结局很可能取决于某些初期存在的风险和机遇，而做出长期决定却有可能影响短期业绩，引发投资人和外界的批评。1999年进入新浪之后，曹国伟长期以打工者而不是拥有者的角色存在，他既要避免一个决策过于超前而引起投资人不满，又要尽力独立和超前地做出决策。他不得不在多重诉求中寻求平衡，既要当刹车片，又要做发动机。他的前任因为未能达到这种平衡而出过各种麻烦。

曹国伟恰恰被长久地经历训练为一个走平衡木的高手。他小学的时候进过跳水队和体操队，初中进入学校田径队，由于高强度训练导致"个子比较矮，腿短"。但他的肌肉协调性很好，体能优越。现在他仍然保持良好的身材，这是高中担任学校篮球队主力时训练的结果。他给人留下的印象大多与"可靠"有关。他在国外会计师事务所的从业经历也让他显得专业而精准，说他是最熟悉运作中国公司上市的CEO并不为过——有着财务背景的他擅长以各种技巧让公司躲避风险安全上市，新浪的重大资本操作一贯由他亲自操刀。2005年，盛大陈天桥试图恶意收购新浪，他抛出"毒丸计划"成功阻击。他总是在保守和激进中间找到合适的界限。

伴随着这些成功的资本运作经验的积累，曹国伟也走出了一条从CFO（首席财务官）到COO（首席运营官）到总裁到CEO再到董事长的平稳上升曲线。他思考事情的个人特征也加强了这种感觉。他说话时语调和语速几乎不会发生变化，鲜有情绪激动之时，他的高兴和担忧都不会被人察觉，以至于让人觉得有些圆滑。这意味着他并不是一个心血来潮的冒险主义者，而是深思熟虑、沉着冷静的平衡术专家。

但他并不平庸，性格坚韧而勤奋，佐证之一同样是体育，刚进大学时，需要进行高校体育素质摸底，曹国伟一口气做了40多个引体向上，手上的皮都磨破了，可见他在需要坚持的时候那股劲头儿。这些特征拼凑成一个高明的中庸之道践行者以及处理复杂关系的高手。有时候你会觉得，他正常得过于无趣。在怪才林立的互联网世界里，人们已经很久没有被一个正常的成功者吸引目光了。但回顾曹国伟的过往，才能理解这种魅力的价值。他不凸显个人的脾性，未经历过命运感十足的大起大落，不喜欢谈论风云。他一直做着准确的选择，出色地完成学业和本职，并使个人和新浪一起前进。这正是曹国伟的独特之处。他是一个将"寻常做到极致"的人，而这种成功更世俗，更容易接近，也是在传奇背后支撑商业发展的基础力量。

2009年，曹国伟进入新浪10周年纪念日那天，他和新浪管理层成功实现了管理层持股，尽管并未成为大股东，但这种身份的变化显然影响了他的心态。在给所有员工的邮件里，曹国伟写道："从今天开始，我们将实现自己角色的转换，以一个创业者的心态来面对我们的未来。"

后来他对《博客天下》总结说：在做出重大决定时，创始人和职业经理人的心理会有微妙区别，创始人总是会更大胆、更有底气。

熟悉美国职业经理人制度的曹国伟曾对《博客天下》称，中国企业界目前这种认人不认公司的想法很像20世纪20年代的美国，而在未来更成熟的商业社会，"一个公司没有创始人本身不是一个很大的问题，因为创始人一定会在某个阶段离开。"

但他承认新浪股权分散的现实，并一直希望不被这现实束缚自己。在还没有完成管理层持股、未能获得主人翁心态之际，曹国伟拍板决定上线微博。当时，他必须有足够的决心去试验一次前景不明的创新。

美国东部时间2014年4月17日早晨，在纳斯达克上市敲钟前，微博董事长曹国伟步入媒体室与国内媒体进行电话会议前，和同事击掌相庆。

⦀ 临危不乱

美国东部时间4月17日早晨9点半，出现在纳斯达克交易所的曹国伟并不起眼，他个头中等，身材中等，五官圆融，长相无明显特点，也没有露出与这样一个重要时刻看上去匹配的表情——仔细观察会发现，他甚至没有露出过什么喜悦之情。他比不上前来观礼的嘉宾引人注目，比如有6857万粉丝的姚晨和引起微博话题风潮的王力宏。在中国最有影响力的社交媒体平台——微博上，曹国伟有147万粉丝，这也是个挺没特点的数字，既不算多，也不算少，很难相信影响了全中国的微博是他一手缔造的。连微博用户们发表对微博的抱怨时，更多人抄送的也是新浪网总编辑陈彤，很少有人想起曹国伟。

微博对中国舆论场进行了颠覆式的冲击后，曹国伟终于带着微博开始IPO之路，环境却充满危机。

在国内，曹国伟一开始就"注意到微信"，感到一些压力。他曾希望微博有更多社交网络属性，"但当微信起来后，社交网络属性的拓展比较难，我们就更加专注地发展社交媒体的属性。"曹国伟说。

美国的资本市场对中国科技股也不看好，2014年第一季度赴美上市的中国股票行情一片惨淡：4月3日上市的达内科技第二天就跌破发行价，4月9日上市的爱康国宾则在扛到第四日后也跌破了发行价。3月初，纳斯达克综合指数下跌超过5%，微博在美国的同类公司Twitter累计下跌了17%。

在4月5日公布的微博招股书中，每股价格在17美元至19美元，按照这一定价区间计算，微博的估值近39亿美元，这比此前预计的中间值50亿美元缩水了20%。

与曹国伟私交甚好的老虎基金团队在微博上市前热情接待了曹国伟和微博上市团队。老虎基金曾从新浪的股票中盈利颇丰。一些新浪投资者认为，微博独立上市会影响到新浪的业绩并进而影响他们的收益，曹国伟在开赴纳斯达克前也曾告诉微博CEO王高飞，以往购买新浪股票的投资者会是他们的最大阻力，这些买了新浪股票的投资者很可能不会购买微博的股票。结果正如曹国伟预料的那样，在上市前两天，微博的股票承销商高盛致电老虎基金询问他们是否有购买微博股票的意向时，老虎基金改变了此前接待的热情态度，以冷淡的口吻回复："开什么玩笑？现在什么市场，你叫我买股票？"王高飞说，跟当时很多基金投资者一样，老虎基金的基金经理认为，微博在上市首日一定会破发，他们等待低价购入，再到价格回升时大赚一笔。

这就是资本市场，人们一方面彬彬有礼，相处融洽，但另一方面保持着一种适当的距离，以便做起生意来能精准计算，不碍于交情。

在市场之外，政策性因素给微博上市带来了更严峻的挑战。在美国路演期间，身在美国的微博CEO王高飞得知，上市当天的美国东部时间早7点半，北京可能会报道一条关于新浪的负面新闻，而敲钟则是在两个小时后的9点半。王高飞急得快疯了，到处打电话希望能解决此事。

这时候，面对不利的市场环境和意外危机的曹国伟却仍能淡定在附近一家酒吧里喝酒。王高飞形容他是"泰山崩于前而色不变"。

"淡定""从容"是学生时代以来曹国伟身边的人常用的评价。他的高中同学徐之浩评价曹国伟在高三的紧张时期也一直比较轻松，很少见他认真学习。而他在复旦84级新闻系时的辅导员张力奋也评价说，曹国伟这个人很沉稳，这些年，没感觉他有志高得意的状态，也没感觉他显现出焦虑。张力奋如今是FT中文网的总编辑。

在不熟悉的人看来，曹国伟的这种"淡定"更多表现为喜怒不形于色的难以捉摸。他是一个随和的翩翩绅士，礼貌而不具攻击性，但同时很难被说服。

在4月16日上市前夜与主要承销商高盛的谈判中，曹国伟便展示了这种柔中带刚的坚持甚至是固执。

在这场最后的谈判之前，曹国伟已经进行了近10天的路演，每天见七八拨投资人，每次谈1小时，早上7点起床，一直见到晚上9、10点才回酒店。他经历过多次上市，深谙资本市场，但仍然细致且认真。他告诉王高飞，回答投资人问题时一定要看着对方，不要看别处，也不要看手头的资料。

4月16日下午两点，曹国伟回到了纽约四季酒店。高208米的四季酒店是纽约城里最高的宾馆建筑，透过顶层的玻璃窗，曼哈顿中央公园尽收眼底。新浪一方有曹国伟、王高飞、余正钧和张怿参加谈判，曹国伟是主谈者；高盛一方是主管纳斯达克上市的三位代表。

曹国伟一开始想将发行价定在17.8美元，取中文"一起发"的谐音，讨一个彩头。王高飞好奇并不迷信的曹国伟为什么要这么定价，但曹国伟对王高飞说："中国投资者会喜欢这个。"在一些不重要的问题上让步是他转圜的常用技巧。

但高盛反对这个定价，宁愿放弃更高的佣金坚持微博发行价不应高于17美元。高盛负责微博IPO团队的成员Karen告诉《博客天下》，"考虑到整个市场不好，我们的想法是一开始不要定得太高，我们团队也听闻一些要上市的公司，不是把定价变低，就是缩减股数。"高盛给出的定价是16美元。但曹国伟不肯退让。他的谈判策略很简单：翻来覆去地讲自己的道理。

这场上市前的最后一场谈判从下午2时至下午6时，微博CEO王高飞告诉《博客天下》："如果换作是我，我就让步了。"当天下午，曹国伟表现出温和而坚定的态度，高盛的谈判代表3次离席到角落和总部商议定价策略。高盛将价格提到16.5美元，后来又提出，如果股价要在17美元，需要适当减少股数。而曹国伟坚持17美元和1680万股。他一次次保证："你们放心没问题，其实微博在中国的影响力要远远大于Twitter在美国的影响力。"

"其实微博在中国影响的这些人需要有一个合适的价格，17到19这个区间已经定得比较低了，国内的大部分人不会觉得美国市场有多差，如果定价低于17美元，他们反而不买了，反而觉得你的东西不会涨。"曹国伟这样解释中国投资者的微妙心理。

"整个IPO的进程也比我们预想的快，因为他们公司确实之前做过几次上市，曹总和高层对这些都很熟悉，我们原本预定是要做到5月，但4月就完成了IPO，早了将近一个月。一般IPO都是要做五、六个月，微博这次4个月就做完了。"高盛负责微博IPO团队的成员Karen告诉《博客天下》。

当谈判终于结束时，已经是下午6点多了。高盛最终拗不过曹国伟的坚持，微博发行价定在了17美元。

9点半的敲钟仪式过后，代码为WB的微博正式登陆纳斯达克，开盘价是16.27美元，低于发行价，微博开错方向了吗？但没多久，微博又开始逆市上涨，一度触及24.48美元高点，最终首日报收20.24美元，较发行价17美元上涨19.06%。事实再次验证了曹国伟对趋势的精准判断。

谈到曹国伟，负责微博上市业务的一位要求匿名的律师说，中国大多数互联网或技术公司CEO，对公司业务很了解，但对资本市场、海外市场和法律并不熟悉，"我做上市，很多是直接和公司CFO打交道，战略方面的问题会见一见CEO"。但他发现，曹国伟则对财务、法律业务同样精通。

"和其他CEO比，曹国伟显得很职业，不那么感情用事。"他说，"曹国伟的处事风格更像美国那种大公司董事会选出来的CEO，做的是创始人的事，风格上却是美国大公司精英的感觉。"

在这场一波三折的上市之后，曹国伟在每天有上亿信息流的微博上发了一条简短的信息："微博上市了。感谢所有的员工，用户和合作伙伴。让我们一起以微博之力，让世界更美！"

这条发布于重要时刻的微博显得缺少文采，四平八稳，有些无趣。即使在这样的时刻，曹国伟也牢牢坚持着他的个人风格。而他缔造的微博强化的逻辑下，人们更喜欢追逐那些能说出漂亮话和深刻真理、个性非凡的人物。但曹国伟展露出的是微博并不推崇的那种气质。

　　2014年4月17日，美国纽约，曹国伟在纳斯达克敲钟后等待开盘。

⦀　发动机与刹车片

　　微博上市近一个月后，曹国伟接受《博客天下》的采访。他眼睛充着血：不到6点起床，从位于上海的家中搭早班飞机来北京，参加"政府方面"的会议。与那些因从不离开办公室而增添传奇色彩的同行不同，在情况允许的时候，曹国伟会尽量赶回上海与家人共度周末。

　　他不久前戒了烟，他从1984年开始抽烟，烟龄有30年，这是他毅力的一个小小佐证。采访地点在中国企业家俱乐部，周围陈列着企业家成员的照片，与穿着藏族服装的马云、打扮成唐僧的俞敏洪和拿着台球杆摆出滑稽动作的柳传志相比，曹国伟只出现在正式的合照中，西装革履，不易辨认。

　　他的履历相比之下也正常而平稳。与那些有过拼搏励志故事的同行不同，除了大学时代带领室友们经营的小生意，曹国伟没有创业经历，一路从专业精英做到职业经理人。他很难被一语描摹，低调而不爱自我表达，更像是一个高级白领，这个职业形象已经成了他不自觉的习惯。

　　他的大学辅导员张力奋也评价，曹国伟不是一个对未来有特别长远规划的人。"他不会规划在5年之后要做什么，但他一直在想一个问题，我如何把眼前的事情处理好。在变化多端的场景下，他有适者生存的能力。"张力奋说。

　　即便是做出重大决定的时刻，曹国伟也更关注可计算的盈利模式、商业前景等因素，而不是远大的未来趋势。2009年6月，他推翻"朋友"、要求研发"微博"的原因，也是如此。"对用户来说，一个优秀的互联网产品是非常简单的，需要满足一个清晰清楚的需求，这样的产品才会有很强的传播性。"

　　在这种说不清道不明的"感觉"背后，有曹国伟作为上海人的精明和他在80年代的复旦及后来的职业生涯中培养出的敏锐商业嗅觉。

　　曾负责新浪博客产品、后成为盛大文学CEO的侯小强说，曹国伟作为一个财务出身的人，能对商业逻辑有如此好的把握，这出乎他的意料。他认为通常做CFO的人，会过分理智，过分考虑得失，但运营整个企业需要考虑长远的东西，有时候要冒一点风险。曹国伟的转身，在侯小强看来是"刹车片"到"发动机"的飞跃："哪有开车是靠刹车片的？我认为曹国伟在当新浪CFO的时候起到了刹车片的作用，在当CEO的时候又起到了发动机的作用。"

　　不过曹国伟声称，他人生的重大选择都是靠感觉而定。大学毕业后，他工作了一年就去美国读书，开始读新闻专业，但为了就业而转学财会专业。毕业后，班上的其他5个中国同学都去了华尔街做税务，而只有他飞到西部的硅谷，正好迎来了硅谷的腾飞期。在1999年考虑跳槽的时候，他选择加入新浪。这被认为是他的一次重大决定，他对《博客天下》说："有美国背景的CFO其实很少，像我们这种人到今天仍有一定的稀缺性。所以当时加入新浪的时候，我没有具体想之后该怎么样。"

当年曹国伟的复旦同寝室同学，现任南方报业传媒集团副总编辑、南都报系总裁曹轲认为，进入新浪是曹国伟人生中做出的最重要的决定之一，"如果不是进新浪，也许他现在只是万千个优秀会计师中的一个"。

这个人好像从来没有"彼可取而代之"的雄心壮志，新浪这个公司也是如此，没什么攻击性，有时被评价为"缺乏创新性""稳重有余，进取不足"。但也是在日积月累的步步为营中，曹国伟和新浪都成长为中国互联网界不可忽视的力量。

曹国伟曾说，将来要写回忆录的话，一定会从一个晚上的聚会写起。他说的聚会发生于2009年9月28日晚上，新浪公司的中高层齐聚北京健一公馆，等待给聚会的主角曹国伟一个惊喜。这天，曹国伟刚刚宣布新浪管理层收购，同时也迎来自己加入新浪的十周年纪念日。

在这个隆重的曹国伟新浪十周年庆祝Party上，他获赠一套以自己形象设计的十周年纪念邮票。平时不怎么喝酒的曹国伟难得地喝了不少酒，白酒也许有七八两，到尽兴处还用"五音不全"的嗓音唱了几支歌。

9月28日的管理层持股使曹国伟的身份发生了新的改变。他从一个由CFO一路升迁为CEO的纯粹经理人，变成了新浪公司的控制者，从打工者变成掌控公司的真正的老板，从管家变成了东家。

2009年管理层持股其实只是曹国伟在新浪掌权之路的一个标志性仪式，从2004年，兼任COO起，曹国伟就开始逐渐变成新浪内部"低调的实权派"。

2005年，曹国伟兼任总裁和CFO，在他的主导下，新浪推出了第一个有影响力的社交产品：博客。2006年，曹国伟正式接任汪延担任新浪CEO。曹国伟说在决定担任CEO之前，他挣扎了半年。因为要做新浪的CEO的确是个苦差事，作为一个有媒体基因同时股权分散的公司的CEO，曹国伟必须平衡用户（网民）、客户（广告投放商）、员工、董事会和政府的多方利益，每一方的诉求都有所差异。

曹国伟最终决定担任新浪CEO，继续在新浪做下去。他刚一上任就成立了"互动社区事业部"，布局社交产品。微博的前身"朋友"就是由这个互动社区事业部开发的社交产品之一。

管理层持股给了曹国伟更多的施展空间，他不用再像少年时练体操一样，在短期利益和长线投入的矛盾间把握艰难而微妙的平衡，而是可以更加从容地放手布局未来的发展战略。他的重点显然是"微博"，这是曹国伟一手缔造的产品，是被侯小强称为不具攻击性的、优雅从容的"贵族"新浪最令人兴奋的产品。

"新浪最早也是一个媒体，而曹国伟新闻出身和媒体工作的经历又强化了它的媒体特征。选择微博也是他对传媒理解的结果。可以说没有曹国伟的话，新浪可能没有微博。"曹国伟的大学同学、光线传媒总裁王长田说。

曹国伟自己则喜欢另一种含蓄内敛的说法，他自称是有媒体情结的互联网公司CEO。

在复旦大学广电班毕业后，曹国伟曾经在上海电视台担任过一年的记者。在后来的一次视频采访中，曹国伟曾经随口指出，对方的机位设置有问题。但曹国伟如今要做的，却是在拥有媒体基因的新浪公司实现向技术和产品的转型。

从微博建立之初，曹国伟就想在比较成熟的公司体系里用创业机制做出一个新业务。他认为微博成功的一个关键是，从成立之初，新浪就在用独立的团队、独立的思维方式、独立的激励体系和创业体系做这个产品。

不过，在已经成熟、有些固化的新浪，做到这点并不容易。虽然微博的技术和产品团队相对独立，但在早期，新浪门户部门参与了大量微博运营工作。运营和平台层面的分离，会给资源和执行效率带来一定的影响，当年的博客也遇到过这类问题。曹国伟的选择是，一方面尽可能包容公司原有的多元文化，一方面在方向上坚决调整。

微博最终拆分出来，是这种转变的结果。曹国伟说，微博拆分上市之后，将以更加独立的机制和思维去发展，不再受到原有门户大众媒体基因的干扰。

影响微博未来的另一股重要势力是阿里巴巴。在2013年，4月29日，阿里巴巴集团通过其全资子公司阿里巴巴（中国），以5.86亿美元购入微博公司（微梦创科）发行的优先股和普通股，占微博公司全稀释摊薄后总股份的约18%。另外，新浪授予了阿里巴巴一项期权，允许阿里巴巴在未来按事先约定的定价方式，将其在微博公司的全稀释摊薄后的股份比例提高至30%。2014年3月14日，阿里巴巴行使期权，将其在微博持股比例提高到30%。

微博和阿里的这次战略合作酝酿半年，历经46次谈判。在接洽之初，百度和阿里曾同时向微博伸来橄榄枝，百度的条件甚至好于阿里。但曹国伟最终还是选择了和马云合作，因为他判断微博生态系统和淘宝生态系统有更多的亲和性。这两个平台都是有大量内生用户创造内容的平台，阿里可以借由微博获得移动互联网的入口，而微博则可以借由阿里，打通移动支付，曹国伟认为这是未来微博商业化的关键。

曹国伟说，他与马云在淘宝刚开始的时候就有接触，私底下也是朋友。他曾为此事跟马云谈了很多次，但不愿意多谈细节。"这种大的交易不是几个简单场合就能敲定的，其实没有很多戏剧性的东西。大的合作一定是两家公司之间有很强的相互诉求，除此之外还要看缘分。"

2013年8月14日，完成了战略合作的阿里和新浪高管在杭州西溪湿地边的太极禅苑进行了交流。这所会馆由马云和李连杰共同出资合建，到当年的9月10日才正式营业。

在临水的房间里，四十多人围坐在长条形的餐桌前，马云和曹国伟各坐一端。马云身旁是阿里集团CEO陆兆禧，曹国伟的左右手则各坐着微博CEO王高飞和新浪集团首席运营官杜红。曹国伟和马云先后发言，他们一致表示，微博未来的发展不会以短期盈利为目标。"到现在为止，我们都不觉得利润是第一位的，我们还是觉得用户的平台是第一位的。"曹国伟说。

在临水的美景旁，隔着长长的餐桌，细节的业务交谈当然是不合时宜的，大家闲谈起那段时间的新闻人物"王林大师"，马云表情神秘地说："我也会变魔术哦。"说着当场表演了一个小魔术，曹国伟带着一贯的淡定表情欣赏着马云的表演。他周围的人都知道，他从来不迷信此类事物。

曹国伟（前排左三）和室友与日语系女生的合影。

很少喝酒，从不低头

贯以理性示人的曹国伟偶尔也会表露出感性和"不严谨"的一面。1988年毕业分别时，曹国伟曾抱着好友李枫痛哭，就连金英实等女同学都感到惊讶，"我从来没见过一个男生会哭得那样伤心。"

但这是众多故事中的特例。中学、大学的老师和同学对他的记忆更多是性格内敛。曹国伟的家在上海黄浦区河南路的一条普通弄堂里，他是家中独子，拥有一间不足10平方米的房间，房间上面是晒台，下面是灶间，这种房间在上海话里被称为"亭子间"，是以阴暗、潮湿、狭小为特点的旧时楼栋的夹层房。他就在这里度过了整个童年、少年时期。

1978年，曹国伟参加了"文革"后上海第一届小升初考试，进入当时最顶尖的上海中学，此后六年中一直住校。每周末回家，曹国伟都要走一公里的路到达50路公交车站，到徐家汇再转车，辗转两三次后才到达黄浦区河南路的家。

曹国伟回忆，上海中学的严格教育奠定了他的性格，也让他打下了很好的英语基础。在高中班主任米庆身眼里，他是一个聪明的学生，学习很优哉，但成绩又很好，"只需花十几分钟的时间就能完成别人半个多小时乃至更久才能做完的作业。"那时候，他写的文章逻辑性比较强，但不算有文采，不是很特别。这与他后来的行事风格非常相似。"他很沉稳，温和，从来没有感情的大起大落。"米庆身回忆说。

这种沉稳的做派此后一直跟随曹国伟。大学时代同住一个宿舍室友、现任投中资本董事总经理的马峻认为，曹国伟情感很稳定，不爱发泄。"曹国伟很少喝闷酒，他心理承受能力很强，没见过他焦愁，他个性很强的，不会轻易低头。"

高中毕业后，曹国伟考入复旦大学新闻系8413班。大学时的曹国伟做事果断，不到处问意见，决定后也不会后悔。极少情况下，当他压力大的时候，会偶尔打电话时向朋友说一句"这件事压力很大"，但说完便收口，绝不再提。"他绝不抱怨，很少和朋友倾诉，总是自己承担。"马峻说。

毕业后，马峻比曹国伟晚一个学期出国，申请学校等事都由曹国伟帮忙完成。马峻的钱不够交满学费，曹国伟还主动借给马峻两千美金，"钱是他自己家里的，还有他打工得来的。"马峻说，由于低调，陌生人会觉得曹国伟冷冰冰的，但其实很大气很仗义，跟熟人在一起也很活跃。

　　校园时代，曹国伟留着演员秦汉式明亮的分头，戴一副黑色帅气的墨镜，白色T恤的立领高高顿起，穿牛仔喇叭裤。"他把领子翻起，很有点高仓健的范儿"，曹国伟的大学同学史海伟至今记得第一次见曹国伟时的情景，当时他们一同上大一的公共英语课A+班。

　　从大三开始，曹国伟考入新成立的新闻系广播电视新闻班，并担任班长，组织同学活动、旅游等。直到现在，同学聚会时他都会尽量参加，并且爱主动承担准备工作。但曹国伟算不上大学里的风云人物。

　　他不是最优等的学生，他只拿过学院的二等奖学金。他也不是最乖巧的学生，他上课爱睡觉，常常翘课，曾用上课时间前往江西三清山和四川九寨沟旅行拍照。

　　曹国伟所在的复旦新闻学院8413班人才济济，如今担任光线传媒总裁的王长田和上海捷信广告公司董事长顾刚等，当时都是学校里的活跃分子。曹国伟的舍友，如今的上海报业集团党委书记、社长裘新成绩出众，又是学生干部，且常在校刊上发表文章；舍友李光斗则代表复旦大学参加过亚洲辩论赛并获得冠军。李光斗现今是华盛智业·李光斗品牌创始人。

　　作为班长，曹国伟被他所有的大学同学记住的特点是喜欢摄影。大学开学后不久，担任复旦大学摄影协会会长的曹国伟就开始在宿舍做起冲洗照片的小生意。他带着舍友们一起，把复旦大学学生宿舍6号楼一层136宿舍的窗户遮起来。这个30平方米的空间成了他日后商业生涯的重要启蒙地。在这个私密的黑室里，曹国伟掌控着整个流程，尤对照片成像所需的曝光时间做精准快速的决策，他的6个舍友则负责放定影液、显影液和烘干照片等。

　　由于摄影协会拥有校方经费资助的冲洗照片的整套设备，在几乎无成本的投入下，曹国伟以比冲洗店便宜一半以上的价格，吸引暑假出游的复旦学生前来冲洗照片，冲洗业务持续了将近三周，曹国伟和舍友因此小赚了一把，他们用挣来的钱去吃6毛钱一块的排骨。

大学时代，另一处显示曹国伟狡黠的事例是，复旦新闻学院的暗房并不允许学生私用，曹国伟和同学会在上摄影实践课时顺便捎带小瓶子进去偷倒洗照片的药水。裘新告诉《博客天下》："爱好人人都有，但不是人人都能在爱好中发觉商机。"

但这位总是扛着海鸥相机、又精于人情世故的大学生，总让不熟悉他的人有一种淡淡的距离感。同学马峻告诉《博客天下》，曹国伟"不太喜欢抛头露面，除了通知班级公告等必须做的事之外，他很少上台发言。"

史海伟对《博客天下》评价说："他（曹国伟）更像是一个独行侠，跟他不是很熟的人，会觉得他很神秘。但你又不可能忽略他的存在。"当《博客天下》记者转述史海伟的判断时，曹国伟像一个小孩子一样非常诚实地回答记者："那是因为我经常不上课出去拍照片，所以他们觉得我神秘。"

曹国伟很少出现在公众场合，他几乎不参加任何流行的课外活动——写诗、辩论、演讲和舞会等，他通常只在教室和食堂密集出现。他甚至不常展现喜怒哀乐。

曹国伟的辅导员、现任FT中文网总编辑张力奋认为，曹国伟不是一个最出色的演讲者，不是一个特别陶醉于表达的人，他更多的是一种内韧，他是一个比较有定力的人，这可能决定他现在做事情的风格，遇到困难和挫折，怎么保持定力很重要，很多人在做大事时，会把事情越做越复杂，但曹国伟摆脱了这个"陷阱"，把大事做得简单、明细，是他非常好的能力，他通常悄悄地把事情做了。

王长田告诉《博客天下》，曹国伟不轻易吐露秘密也善于替人保守秘密："向他吐露秘密，不用担心他外传，新浪的一些具体事情他也从来不会说。"

"冷静、准确、稳、精细、周密"，王长田用了一连串的形容词来评价曹国伟。对比来说，王长田称自己是个冲锋求快的人，他喜欢开保时捷，曹国伟则更青睐奔驰、丰田。曹国伟最初看到王长田的保时捷曾惊奇地说："你怎么买这种车？座椅那么硬！"王长田随口应道："跑得快。"曹国伟则追问："要那么快干吗呢？"

‖ 安全而隔阂的距离

曹国伟读大学的20世纪80年代，文化正在复兴。当时的学生们热衷听罗大佑的《光阴的故事》、邓丽君的《我只在乎你》、苏芮的《酒干倘卖无》，或者读苏晓康等的《河殇》，看刘晓庆演的《原野》等。在"文革"之后，人们刚从改革开放的欣喜中舒缓开来，新鲜的市场经济正处于起步阶段。1984年，中国才开启公司元年。

曹国伟和他的同学们正从话语和思维体系上向旧时代告别。1985年，正值复旦大学校庆80周年，校方希望出一些可作纪念的东西，辅导员张力奋提出办一份学生刊物《复旦风》，很快得到校方支持并获得拨款。曹国伟的同学裘新在其中发表了一篇文章，描摹了20世纪80年代中期自由度比较高、各种学派自由流动的学校里面学生的状态和心态。"文字叙述措辞非常新，我们刻意营造一种我们觉得我们能够自由呼吸的氛围。"张力奋对《博客天下》说："一个社会如果语言不进步的话，很难有思想和自由的思考，学术和自由也无从谈起。"他说，《复旦风》第一个要做的事，是要呈现跟我们以前受的教育不一样的文字，说一些应该说的思想，依托新的、比较平实的有生命力的语言来表达思想。

曹国伟在创刊号的封二上刊登了自己拍摄的一组照片。但从未在上面发表文章。某种程度上，他既受当时风潮的影响，也努力独立于风潮之外。他不喜欢谈论政治，但也从不检举揭发那些"活跃分子"。他的室友马峻在接受《博客天下》采访时评价说，"他没有跟风赶'时髦'的事。那时候'时髦'的是像哲学系学生大谈思潮。我们都会把尼采的作品、《河殇》等书摆在书架上，而曹国伟很少这样。他不是不思考这些问题，而是对政治不太热衷。"

一名要求匿名的同学说："我们那个时候还处在讨论小商贩被不被允许的时代。我相信曹先生和我们一样，也受到了时代的波动，也在不断地调整。"他认为曹国伟是一个"很有原则也有灵活性的人，他有运动员的性格，这贯穿他成长过程的始终"。

如今，曹国伟仍然像当年一样，避免使自己陷入宏大社会叙事的漩涡中。被《博客天下》问及他当年的思想倾向时，他避而不谈："班上能写会道的人太多，轮不到我，我也不喜欢参加人多的活动，我经常回家，不出现在学校。"

王长田说，在微博推出之初，曹国伟曾一脸淡定地向他介绍微博，王长田问："140字？140字能说什么？"但曹国伟仍然冷静地说，他相信微博会成功，并坚信微博可以改变世界。

然而，在接受《博客天下》采访时，他主要强调自己感受到的责任感。曹国伟不愿意使用"使命感"一词来形容他做微博的动机。"我没想得这么大"，曹国伟说，"但在过程中，我们发现它的确对社会有现实的意义。增加了社会的透明度，让社会的信息更加对称。"随后，他也承认，在感受到做微博的责任感的同时，这个产品的确让他产生了成就感。几天之后，他又神情认真地对《博客天下》

承认："微博对中国的影响还是很大的。"

侯小强评价说：曹国伟是一位有情怀和理想的企业家，他创造的微博产品也是如此。"微信挺了不起的，是跨时代的伟大的产品，但你说到有理想和有情怀，对国家的影响力上，微信和微博不是一个层面的事。微博对中国社会影响更大。"侯小强说。

但曹国伟本人不轻言理想，关于理想、思想、偶像，这些事他都不会主动去谈，追问之下他也不说。他不是那一类把赤忱之心搁在空气里烧给人看的人。曹国伟的谨慎既出自性格，也有现实原因。微博成为中国舆论环境中不可忽视的力量，政策上的风险随之而来。

5月22日，在密集工作的午间休息时，曹国伟接到了一个电话。"哦，还有这样的事？"他语气沉稳地说，"那我打电话跟微博那边说下，你把账号信息用短信发给我吧。"过了会儿，曹国伟给微博CEO王高飞拨出一个电话："喂，高飞啊，你去看下一个FM1601和一个叫羊羊竹的账号，他发了吉祥航空迫降的消息，看看是怎么回事。"

政府部门对微博的态度也急剧变化。

2009年微博刚出世时，新浪除了邀请明星助阵，也曾试图联系政府部门。新浪地方运营管理中心兼政府事业部副总经理李峥嵘说，当时，大部分政府部门拒绝使用。青岛市政府也回绝了开通账号。然而，近两年后，2011年7月，青岛胶州湾跨海大桥举行通车仪式，市政府按照以往方式请电视台和报纸等媒体进行报道，就在央视现场直播临近结束时，一名网友发现桥头大片松动未拧紧的螺丝，立刻发布微博质疑。消息迅速在网上蔓延，而当地官员却对此一无所知，直到新浪将此事通知他们。4天后，青岛市政府召开新闻发布会，按照以往的套路有序地进行，然而面对网络上铺天盖地的评论，新闻发布会的声明未起到作用。该市政府最后找新浪帮忙开通了微博。

在2009年底，新浪就开通了"政务微博"。到2013年底，整体微博数量达到10万多，其中机构微博7万多，认证的公职人员3万多人。新浪网副总编辑周晓鹏说，曹国伟在谈论政务微博时，曾表示微博应该提供更多的服务给政府部门使用，让微博成为政府可以给民众提供社会服务的平台。与对待所有其他关键事务时一样，曹国伟避谈政治，也谨慎地处理可能的风险。他与媒体的交谈始终保持着一种安全而隔阂的距离。他讲的话都经过深思熟虑，滴水不漏。他也不肯迎合时下媒体和公众对"故事"和戏剧性的癖好，他告诉《博客天下》："我知道媒体想要什么，但我就是不想讲故事，我也不喜欢看。"

他时刻像坐在汽车后座上的机警乘客那样，随时关注着可能的误差，防止世界运行超过他所能接受的范围。他务实，富有行动力，符合常理，因而也缺少那种让大众着迷的极端魅力。他和那些任性、激烈、古怪的天才式的创始人有着天然的距离感，因而也不会招致过分的热爱或厌恶。然而正是这种温和的性格，让他成为一个值得依仗的角色。

"笑不一定要表现在脸上。"他说。

（2014.5.25）

对话曹国伟

‖ 曹国伟：微博是刚性需求

博客天下：您觉得微信的崛起对微博的发展有什么影响？

曹国伟：微博在发展中间是有一个转向的。开始希望它能有更多社交网络的属性，但当微信发展起来后，社交网络属性的拓展比较难，我们就更加专注地发展社交媒体的属性。

博客天下：您如何看待微博和微信之间的竞争？

曹国伟：我觉得这里面没有任何直接竞争的关系。微信用得比微博多这很正常。因为微信是一个移动通信产品，微博是一个获取内容，媒体属性的产品，你说是中国移动的收入大还是中央电视台的收入大。通信属性每天都要用，而不看电视你也不会死。媒体属性是刚性需求，但使用的频率没有通信高。

博客天下：这两个产品有哪些重合的部分？

曹国伟：微博里面也有通信也有IM（即时通讯），分清这里面的主要属性和从属属性非常重要。公开的媒体性是微博的属性，私密的通信是微信的属性。在微信你也有媒体内容的创作和转发，微博里面也有私信、通信的需求，但是主次是很重要的。媒体性的东西在微博上的传播效率肯定比微信高很多，在微信上通信效率也比微博高很多。在微信出来前，微博就有私信，但私信的使用率从来就没有超过10%。

博客天下：您什么时候注意到微信？

曹国伟：一开始就注意到，而且肯定会给我们带来一些压力。当时我们也在注意这一块，但回头看，在微博里把通信做得很强不太可能，这本身由产品机制和用户使用习惯决定的。比如你在广场上把私密的交谈做得很强，这不太可能。同样的，在一个私密的房间里聊天，突然一个人跑到台子上大叫大喊，这种事情也很少。

博客天下：您怎样看待微信这个产品？

曹国伟：我觉得微信做得很好。腾讯公司的基因就在通信和社交上面，所以它做得好是很正常的。我们的基因强势在媒体上，做社交媒体是可以的。新闻门户是把传统媒体聚合起来给大家看，博客是发动能写稿子的人来创造内容，但博客的问题在于自己无法传播，你要么是编辑推荐，要么是在搜索引擎上搜。而有了微博之后，（用户）不但可以创造内容，还可以传播内容，这就是媒体革命性，从1.0到2.0到3.0，微博才是真正的新媒体。

博客天下：您如何看待张小龙？

曹国伟：张小龙我听说过，但我不认识他，不能乱讲。

（2014.5.25）

曹国伟不需要任何装饰

《博客天下》记者贴身跟访曹国伟一天，与这位互联网最具权势的企业家工作、生活，见证他如何谈论政治和人生，又是如何在平淡无奇的悠悠岁月中，把握自己的关键时刻。

本刊记者/汪再兴　张伟　实习生/程曼祺

摄影/Mark Leong　任言　图片策划/王唯一

曹国伟正为《博客天下》拍摄封面。他拒绝了服装师带来的几套搭配，坚持穿自己的衣服。平时，他喜欢自己挑选衣服，他的衬衣通常选择定制服装，他不喜欢装饰性过强的服装，拒绝了一位女服装设计师希望他佩戴上一枚金光灿灿的胸针的提议。

曹国伟说："我不需要任何装饰。"5月22日下午两点，为《博客天下》拍摄封面照时，曹国伟拒绝了服装造型师带来的几套西服，他也不想佩戴她给他推荐的金色独角兽胸针和领结，这些附属性的装饰物都不符合他的审美。他选择相信自己的品位——穿自己带来的衣服，他的衬衫是定制的，所有衣服都自己挑，太太在这件事上一点都管不到他。

但站在《博客天下》记者面前的这位声称不需要任何装饰的曹国伟却是一个难以捉摸的人。他会礼貌地配合拍照、采访，但是他不会真正对不熟悉的人打开话匣子，他始终与媒体、与公众保持着一种安全的距离和隔阂，他讲的话都经过深思熟虑，滴水不漏。

曹国伟的大学同学金英实在毕业纪念册上给他留言如下："大一时，你调皮捣蛋，小赤佬一个/大二时，你迟到旷课，奖学金要得/大三时，你里捞外捞，穷骗稿费/大四时，你逛逛荡荡，乐极逍遥/惊你戏谑，油滑，随便，三黄/恭你聪明，利落，文人江湖并俱/外面的世界很精彩，外面的世界很无奈——金大姐致曹国鬼，一九八八年夏。"

小赤佬是上海方言，指小孩子活泼可爱有点滑。对这条带着玩笑贬损的留言，曹国伟很满意，觉得十分精准，他特意找来给《博客天下》记者看，认为这是有裨益的参考。

但跟访一整天下来，《博客天下》记者没有感受到他"小赤佬"的一面。平时，这位掌握着互联网最具权势的社交工具的大人物的主要活动都在办公室里，没有"逛逛荡荡"的爱好，也没有那个时间。

对于时下的热点新闻，他在口头上和自己缔造的微博上都不加评论，所以"戏谑"也难得一见。

《博客天下》记者问他作为微博的创造者为什么不喜欢用微博，为什么不喜欢关注微博上的热点事件。"平台的运营者就一定要使用平台吗？就像报社的社长不会天天写稿吧。"顿了一会儿，他又加了句"那样是很不好的"。

这个"文人江湖并俱"的"曹国鬼"在30年后变成了充满职业精神的成功人士"曹国伟"。他总在压抑和包裹自己的真实想法和心理活动。拍摄封面的时候，他拒绝了摄影师让他摆出高兴表情的要求。

当晚7点，瑞吉酒店的意大利餐厅里正在举行微博IPO banker（负责首次公开募股的银行家）聚会。一位与曹国伟相识多年的女士评价道：他做着创业者的事，但在风格上很像美国成熟大公司由董事会选出的高级职业人士。谈微博上市的定价区间时，曹国伟和高盛只用了1个小时，她说，这个速度实在是快得出人意料。不同于她在工作中接触的众多中国IT企业的第一代创始人，以财务专业出身做到新浪董事长的曹国伟从来不是那种将个人情绪带入工作的人，即使是在运作IPO的关键时刻。

在不露声色、彬彬有礼的职业精英风度背后，曹国伟其实有好胜的一面。他的一生都在习惯性地成功和胜利，这大概有幸运的缘故，但也少不了强烈自尊的支持和与之相应的自律。

1984年，他从上海最好的中学上海中学毕业，又进入华东地区最好的大学复旦大学，他选了最热门的新闻系，顺利考入1986年开设的第一届"广电班"。在做了一年上海电视台财经记者后，他赴美读书，先后获得新闻和财会MBA（工商管理硕士）两个硕士，他就读的得州大学奥斯汀商学院的财会专业排名全美第一。毕业后他先在安达信工作两年，又跳槽到最大的会计师事务所普华永道。1999年，他加入了最大的华文门户网站新浪。

"新闻系当时是文科里分最高的，就是想上最好的，懂吗？"相比于第一次见面所感受到的距离感和成功者那种"不提当年勇"的举重若轻，现在《博客天下》记者终于能有点明白为什么曹国伟的大学室友顾刚会评价他有"运动员般的好胜心"。

在晚上的IPO banker聚会中，曹国伟再次表现了他好胜的一面。

在装潢精致、格调淡雅的意大利餐厅中，精明的投行家、高谈阔论的律师、严谨的会计师和新浪集团及微博公司的高管列坐在长条形西餐桌的两端。男士们穿着得体的西装，女士则着套装礼裙。有人甚至刚刚从机场赶来，拖着行李也不愿错过这次晚宴。他们正等待曹国伟开香槟，庆祝一个月前微博在纳斯达克的上市。但瓶塞太紧了，这个49岁的男人拧了好几下都没拧开。"叫服务员来吧"，人群里有几个声音劝说道。但曹国伟仍在努力地拧着，"等等"他又奋力地试了几次，"再等等"，他已经感受到了瓶塞松动的关键一刻："同志们要注意了啊！"曹国伟说。"嘣"的一声，金色泡沫在瞬间冲出瓶口。

但大多数时候，他会包裹起自己的锐利和好胜，做那个不事张扬的曹国伟。这个男人身上找不到一丝逆袭者的忧愤感，他对过往的奋斗和成功轻描淡写，口头禅是"自然而然"。他不会像盖茨比那样，在从无名小卒变成大富翁后，大肆挥霍，恨不得处处出尽风头。

曹国伟总能找到对不想说的问题避而不谈的方法，这种柔韧和有技巧的固执是少有的"小赤佬"气质的闪现。

但对戏剧性和情感展露的刻意抗拒也使他在一水个性各异的IT大佬中显得无趣甚至有点平庸，他不鲜明，不极致，不温不火。新浪公司本身也给人造成相似的印象：成熟稳健但缺乏锐度。搜狐CEO张朝阳就曾在参加《波士堂》节目时点评曹国伟执掌的新浪："优点是媒体平台执行能力强，缺点是缺乏创新，技术较弱。"

但2009年之后诞生的微博让曹国伟变得不容忽视，也让平稳的老公司新浪再次走进舆论中心。微博既战胜了前人饭否、叽歪，也没有给后来的搜狐、腾讯、网易任何机会。从2010年到2011年，微博在舆论监督、促成社会公益行动和促进信息公开透明上的作用被广泛认知，各种关于微博的专题报道和学术研究层出不穷。2011年4月，曹国伟和Facebook的扎克伯格、Google的拉里·佩奇等人一同入选《时代》杂志评选的全球最具影响力人物100强，那是他权势的顶峰。

这个一路成功之人的最新成就是在今年4月17日引领微博登陆纳斯达克。在并不乐观的市场环境下，微博表现不错。曹国伟坚信，市场对微博很有信心。

现在，马上就要开餐了，曹国伟拿起话筒做了简短的陈词："纳斯达克上市那天晚上我们和乐居一起有一个celebration（庆典），当时我刚刚讲到微博的上市是最短的，只花了4个月，但后来马上意识到乐居好像更短。但微博的上市复杂度很大，我们在各个节点都比较顺利，4个月的时间里，我们没有浪费一分钟，感谢在场的各位！"

讲话完毕，席间爆发出一阵掌声，餐桌上的烛光跳跃，美酒在玻璃杯里流光溢彩，这家餐厅的主色调是棕色和金色——一个香槟色的夜晚。

相比于IPO banker聚会时的谈笑风生，那天上午曹国伟精神并不是很好。前一天晚上，为了准备新浪和微博的季度财报分析师会议，他到2点左右才睡。早上8点20分，他已经来到办公室，为即将在9点举行的微博和新浪的第一季度财报分析师电话会议做准备。

在第一季度财报中，微博、新浪都有所亏损。季报显示，微博净亏损4740万美元，合每普通股摊薄净亏损31美分，新浪应占净亏损为3320万美元，合每股摊薄净亏损52美分（按美国通用会计准则）。

但曹国伟的压力似乎并不大，你很难在他的表情中看到不安，在以往更多更加艰难的时刻，他都没有面露难色。在微博季报会议召开前的半个小时里，他并未紧张准备分析师有可能发起的挑战，反而饶有兴味地翻看《博客天下》记者送他的一本1985年出版的《复旦风》创刊号，这本黑色封皮的小册子凝结了曹国伟和84级新闻系同学们的青春岁月，他一边翻着文章，一边回忆往事：我们班有三大才子，裘新、李光斗、顾刚。

回忆起大学时代，曹国伟总是在赞扬别人取得的成功："我们级的有些人比当年蒋昌建他们还早。李光斗1988年代表复旦参加国辩，得了冠军，论题好像是儒家文化和社会进步的关系，你要去查一下。"

他告诉《博客天下》记者，他大学时代不热衷写文章也不看文章，他说的可能是事实，那本《复旦风》上并没有他的文章，但在封面背后的有一组他拍摄的照片。他拍摄的其中一张照片是上下铺的舍友兄弟在递书，另一张照片是现任上海日报集团党委书记、社长的裘新同学在买茶叶蛋。曹国伟是当时班上第一个有相机的人，经常带着自己的那台海鸥翘课、旅游、拍照，至于考试就常靠睡在他下铺的裘新的扎实笔记来临阵磨枪，而成绩居然一直不错。所以他那时有"逛逛荡荡，乐极逍遥"潇洒事迹。

但现在，繁忙的工作让曹国伟很少有乐极逍遥的时间，他最近一次较长休假还是在去年夏天，和家人一起到澳洲和美国游玩。

当天上午9点到10点间首先召开的是微博分析师会议，这是微博独立上市后的第一个季报，也是CEO王高飞和微博CFO张怿第一次参加分析师会议。理论上，王高飞应该是主要回答问题的人。

会议开始20分钟后，曹国伟打了一个哈欠，前一天晚上，他准备季报到凌晨两点。上午9点半左右，王高飞和张怿讲完了微博的总结和规划，介绍完了上一季度财务情况，曹国伟去续了一次咖啡。

在接下来40分钟的问答环节里，一共8个分析师提问，曹国伟用流利的英语回答了其中6个分析师的问题。微博商业化是这些分析师关注的焦点，在全部17个提问中，有10个涉及微博的广告推广服务和移动支付。

上午10点，微博分析师会议结束，曹国伟开始准备第二个会议—新浪分析师会议。在会议前的一小段休息时间，曹国伟叹了口气，用略带玩笑的口吻和新浪集团CFO余正钧说：新浪的问题就比较麻烦了。介绍上一季度基本情况时，曹国伟提到了新浪涉黄拟被吊销《互联网出版许可证》和《信息网络传播视听节目许可证》的问题。

30分钟过后，他续了第二次咖啡，点了一支雪茄。

戒烟快一年的他如今抽雪茄也很少了，但当在需要集中精力和保持精神的时候，如参与分析师会议的此时此刻，他还是会点上一支他惯常抽的COHIBA，据说，这是古巴传奇英雄切·格瓦拉最钟爱的雪茄品牌。

上午11点，是预计中会议结束的时间，分析师的电话还在不断接入，曹国伟频频看墙上的钟，似乎有点迫不及待地想要结束。午休时间，助理将他的午餐送进办公室，今天他吃的是粗粮米饭，配三菜—有苦瓜、莴笋肉末、胡萝卜等，没什么油水，十分清淡。

午餐后是他的休息时间，他在红木制的办公桌上转起一个木制小陀螺，这只陀螺很像《盗梦空间》里男主角用来标记梦境的工具，在影片中，如果陀螺永不停下，说明男主角还在梦中。曹国伟说，有人告诉他，这个小玩意儿可以帮助缓解压力。

曹国伟用餐的这间办公室是中关村理想国际大厦20层的一个大房间，整面西墙都是玻璃窗，窗台很低。窗子外正对北大校园，从这个角度望过去，北大最高的建筑博雅塔像一个古建模型，未名湖掩映在茂密的绿树中不见踪影。楼下人流熙攘、高科技公司林立的中关村好似一部全力开动的引擎，在日渐升高的气温和炽烈的阳光中嗡嗡鸣响。

在很长一段时间里，他缔造的全中国最具权势的社交工具微博不仅给他带来麻烦，也能给这个男人带来喜悦。他的办公室里最新摆上的两张照片的内容也是关于微博，它们记载了微博在纳斯达克的成功时刻：一张是他在微博上市敲钟仪式上拍的，一张是在时代广场。照片中曹国伟穿着黑色西服，戴一条紫红色领带，笑容灿烂。

下午3点半，这位微博缔造者来到海淀体育馆，准备再现他30年前作为校队队员的风采。如今有点微胖发福的曹国伟在学生时代极为精瘦，中学时他练过体操、田径，是校篮球队队员。大学时参加复旦的体测，他一口气做了40多个引体向上，在非体育特长生中排名第一。从中学开始他不仅文理均衡，而且可以说是"文武双全"。

"好""再来""防守"，在篮球场馆内，一群小伙子正在另一个半场打比赛。而从办公室赶来的曹国伟都来不及找一双篮球鞋。他说，他已经很久不打篮球了，最近一次打球可能是10年前参加新浪公司内部的比赛。另一半场的比赛局势十分胶着，而这边，曹国伟一人独自在场上运球、投球。他的动作仍十分熟练，看得出是经过比较专业的训练。运球、三分投篮、带球上篮都做得有板有眼。

不到10分钟，49岁的曹国伟开始大汗淋漓，隔着好几米也能听到他在跑跳的间隙的粗喘。他试了一次快速运球，差点摔倒。

　　为了打得更尽兴一些，曹国伟和旁边半场的一位小伙子切磋起来。他来防守，曹国伟试着突破并进攻。刚才已经汗流浃背有点疲倦的他在面对年轻人的防守时又来了精神。小伙子防得很认真，曹国伟也突破得很认真，他眼神机警，精力集中，先是右手运球，然后换到左手，又换到右手，脚步相应地做着快速移动。"好胜、认真"，《博客天下》记者再次想起他的一位同学对他的评价。不过曹国伟要突破似乎有点难，毕竟他不再是30年前的那位极具精力的前锋了。

　　"小女儿像我，大女儿像妈妈"，从篮球场出来时，曹国伟对《博客天下》记者说，他在上初中的小女儿继承了曹国伟的运动天赋—她是一个高尔夫高手，已经多次在全国性和世界性比赛中跻身前三，今年2月，她刚刚又获得一个冠军。而在波士顿读高中的大女儿则不怎么进行球类运动，两个星期后她即将毕业并去沃顿商学院读本科。也许在不久的将来，她就将继承曹国伟的另一种才能——清晰的商业逻辑和精准的商业嗅觉。

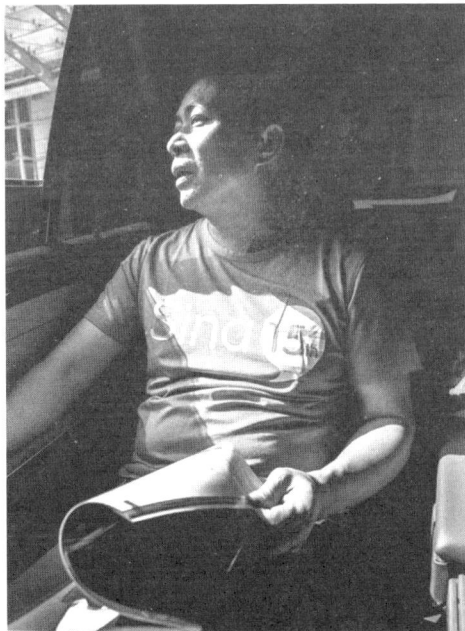

（2014.5.25）

曹国伟成长轨迹

1965年—1993年成长

1965年11月10日

地点　上海

事件　出生

时代背景　1966年—1976年，"文革"动乱。

1978年—1984年

地点　上海

事件　考入上海市最好的中学上海中学，从初一到高三一直住校。

时代背景　1978年，上海恢复了"文革"之后的第一届小升初考试。中学教育内容逐渐回复正轨，曹国伟在上海中学奠定了良好的英语基础。

1984年9月—1988年

地点　上海

事件　进入复旦大学84级新闻系，后由新闻系考入复旦第一届广电班。该级人才辈出：光线传媒创始人兼CEO王长田、上海报业集团党委书记、社长裘新、解放日报总编辑陈颂清、南方都市报总编辑曹轲都是曹国伟的同学，FT中文网总编辑张力奋是他们的辅导员。

时代背景　80年代，改革开放后上海社会风气一新。复旦大学作为上海的高等学府思想开放，氛围自由，学校里时常举办各种讲座，曹国伟那时长于摄影，而他的室友裘新文笔极好，他的同学李光斗是辩论高手，王长田则长于书法同时爱好写诗。

1988年—1989年

地点　上海

事件　在上海电视台任财经记者

时代背景　北京平息政治风波。

1988年—1989年

地点　美国俄克拉荷马州

事件　在俄克拉何马大学攻读新闻系硕士，进行媒体管理研究。

时代背景　1991年海湾战争爆发，美国经济陷入低迷，考虑到兴趣和就业形势曹国伟先是在读完新闻硕士后又申请工商管理硕士，并将最初的general MBA转成了专攻财务的Accounting MBA，得州大学奥斯汀商学院财会专业长期排名全美第一。

1991年—1993年

地点　美国得州

事件　在奥斯汀大学商业管理学院攻读财务专业硕士。

1993年—1999年在硅谷积累财务经验

1993年—1995年

地点　美国硅谷

事件　在当时的五大会计师事务所之一的安达信工作。

时代背景　90年代初，硅谷处于腾飞发展期，充满活力。

1995年—1999年

地点　美国硅谷

事件　进入全球最大的会计师事务所普华永道，负责为硅谷地区的高科技公司提供审计服务和商业咨询。审计过雅虎、Oracle等知名公司，亲自经手数家公司的IPO，及兼并收购。

**1999年—2004年
初入新浪——操作新浪
上市，以收购建立新浪
的无线增值业务**

1999年9月28日

地点　北京

事件　想跳槽到企业，在两家硅谷企业中犹豫，咨询时任新浪COO的茅道临时，茅建议曹国伟加入新浪，曹最后决定担任新浪主管财务的副总裁。

时代背景　中国互联网产业快速发展，1998年12月，王志东于1993年创立的四通利方公司和1995年在美国斯坦福创立后由姜丰年担任总裁的华渊网合并诞生了最大的华人中文门户网站新浪。搜狐、网易也在1996年之后崛起，中国互联网进入"门户时代"。

2000年4月13日

地点　美国纽约

事件　新浪上市，赶在互联网泡沫破灭的临界点惊险融资。

时代背景　2000年3月10日周五，以技术股为主的纳斯达克指数攀升到最高点5048.62（当天最高涨到5132.32），之后股指反转，在周一3月13日一开盘就跌到4879点，纳斯达克进入长期的熊市，互联网泡沫破灭。

2003年1月

地点　中国

事件　主持收购广州迅龙

时代背景　2003年—2004年正是无线增值业务快速发展的阶段。相比于门户网站其他烧钱多的业务，无线增值业务（SP）的盈利能力极佳，对迅龙和网兴的收购时机十分精准，使得新浪在无线业务上获得了更好的发展机会。

2004年3月

地点　中国

事件　收购深圳网兴对迅龙和网兴的收购使得新浪在无线增值业务方面获得长足发展，这也成为新浪收入的重要来源。

2004年—2006年兼任首席财务官CFO和首席运营官COO，后兼任总裁与CFO，开始全面接触新浪各项业务

2004年6月

事件　兼任首席运营官奠定新浪广告霸主地位。

2005年2月至3月

地点　中国

事件　抛出"毒丸计划"，化解盛大网络入主新浪的计划。

时代背景　2005年的盛大收购与新浪的反收购完全是一场华尔街式的收购战。两家公司均在纳斯达克上市，并以美国法律为准开展了资本市场的博弈。这也从侧面反映了中国互联网产业在资本市场上充分融入全球化。

2005年9月

地点　中国

事件　新浪首席财务官CFO兼总裁。

2006年5月起接任汪延担任新浪CEO

2006年5月

地点　北京

事件　新浪首席执行官CEO兼总裁。

时代背景　2004年Facebook诞生后，社交网络开始萌芽。自2006年正式接任CEO后，曹国伟有意识地推动门户媒体型公司到社交产品型公司的转型。

2009年8月

地点　中国

事件　推出新浪微博产品。

2009年9月28日

地点　中国

事件　进入新浪十周年。带领管理层完成中国互联网首例MBO。从职业经理人变为控股人。

2009年10月16日

地点　美国纽约

事件　新浪和易居中国的合资公司中国房产信息集团（CRIC）正式在纳斯达克上市。

2012年8月31日

地点　北京

事件　任新浪董事长（chairman）。

2013年4月27日

地点　北京

事件　主导新浪微博与阿里巴巴达成战略合作。

时代背景　自2009年推出以来，微博对中国社会产生了巨大的影响。亿万网民通过微博平台成为新闻和信息出口，改变了既有的内容生产方式、传播形态和互动方式，并逐渐形成了微博舆论场。微博在获得巨大用户量和活跃度的同时，盈利模式并不清晰，与阿里的战略合作为微博未来探索商业模式打下了基础。

2014年4月17日

地点　美国纽约

事件　新浪微博正式登陆纳斯达克（代码：WB）。

时代背景　2013年11月7日，与微博相似的Twitter在美国上市。2011年腾讯推出的移动IM应用"微信"对微博产生了一定压力。2013年微博与阿里的战略合作则为微博未来的成长提供了市场想象。新浪微博在此时从新浪中分拆上市，把握了微妙的时机。独立上市将给微博带来更多的资金并加速微博产品的独立化。

（2014.5.25）

第六
章

张朝阳再闯纸牌屋

搜狐董事局主席张朝阳春节后参加的第一场活动，是美剧《纸牌屋》第二季进入中国的新闻发布会。经历长时间闭关后，他细细谈论起在雪山上的经历以及他遭受的痛苦，并为重回舞台犹豫不决，反复心理建设。

他即将回到的，是一个像《纸牌屋》一样充满激烈竞争和复杂关系的领域。《纸牌屋》的引入，也是他对搜狐未来战略布局的重要一步。这部美剧在中国引起了热烈反响，部分是因为剧情，部分是因为第二季中中国元素的加重。本刊在美国专访第二季中国元素的顾问以及中国商人冯的扮演者，他们讲述了一部美国电视剧如何编排中国故事。

张朝阳犹豫地站在纸牌屋门前

49岁（2014年）的张朝阳在将美剧《纸牌屋》引进中国时，也将自己重新推进了另一个充满"纸牌屋"残酷规则的商业世界中。

本刊记者/梁君艳　韩紫婵　汪再兴　实习生/谢如颖　徐菲

《纸牌屋》的制片方Netflix公司的CEO里德·哈斯廷斯。

49岁的张朝阳本希望自己低调的生活再持续一段时间，但如今，他站在了一间"纸牌屋"的门前，犹豫不决。"我是提前两个月被你们从树林里拽出来的。"这句话他对《博客天下》记者重复了两次。

2014年2月14日，13集美剧《纸牌屋》第二季中美同步上线，几天后张朝阳参加了新闻发布会。身为搜狐董事局主席兼首席执行官，他显然对这部讲述美国白宫内政治权斗的《纸牌屋》非常满意，用大价钱签下了前两季的中国独播权，并准备将这一策略延续到第三季。

作为中国互联网曾经的领军人物，张朝阳否认他像安德伍德。弗朗西斯·安德伍德是《纸牌屋》的主要人物，美国众议院多数党党鞭，他凭借冷酷无情的权谋一步步攀上权力高峰。张朝阳认为，自己真正的影响力并非靠冷酷获得，他更相信柔软的力量。

但他准备回归的商业世界无疑充满凶险，张朝阳并未准备好。2月19日下午，当摄影师要求他"眼神犀利些"时，他一下显得手足无措。旁观者很容易发现他的不适，这位CEO左手指不断地在揉右手指的指关节。

张朝阳说，他很久没有拍照了。他拒绝承认自己紧张，而是将其解释为对过往名利场生活的疏离。

但就在两三年前，包括更早的时候，这位互联网大佬以在镜头前和人群中制造话题、展示风采著称。

1998年10月他当选美国《时代周刊》"全球50位数字英雄"之一，排在第45位，有点靠后。同年，他在天安门前玩滑板的"街头混混照"挂在《南方周末》的报眼上，被称为中国作秀史上第一人，从此以后，便一发不可收。

2004年10月，张朝阳跨界秀上了《时尚》封面。后又在《时尚健康》封面上露出膀子。

2007年他卷土重来，在当时发布的照片上，他跷着二郎腿，坐在10月号《时尚先生》的封面上，屁股下坐着一台22英寸的大显示器，白衬衫，牛仔裤，皮鞋擦得锃亮。

"现在的我很不犀利，我很柔和。"张朝阳说，"如果你们推迟几个月来，我会配合你们设计的任何动作，我没准备好。"

张朝阳将他的沉溺状态形容成"躲在树林"里。前不久,他在西昌火箭发射场上与古永锵、周鸿祎、马化腾、雷军等互联网明星被拍下合影。他说，一整天他都黑着脸。他解释"黑脸"的原因，"我一直处于对周围世界麻木不仁的状态。"

如今，这位中国互联网界最早的风云人物仍然不时露出"麻木不仁"的样子。"你让我想一下，我现在是一个什么状态。"有时候他会突然说。

他说，自己躲在树林里的状态很久了。访谈中，当记者问他如何看待魅族的黄章，他会一脸狐疑地反问记者，"黄章是谁？"甚至连他昔日经常交流的老朋友雷军、周鸿祎也不太联系了，他认为，这些人是新贵，属于一下子就贵起来的那种。

在此前两三年中，他常常活在自己的世界里。

张朝阳的封闭世界还包括他办公的私人区域，搜狐传媒大厦18楼，这是一个必须经他允许才能出入的私人空间。里面有一个摆着长方形会议桌的会议室，与多数中国老板成功后都会做的事情一样，其中陈列着张朝阳攀上权力巅峰时获得的荣誉，其中不乏他与官员的合影、杨受成的英皇娱乐金牌经理人霍汶希亲自赠送的蝴蝶兰，以及他和明星们登山的纪念照。

《纸牌屋》的制作方Netflix公司CEO哈斯廷斯拥有一个名叫"水塔"的玻璃房，张朝阳也有一个属于他的玻璃房。

不同的是，哈斯廷斯把这栋能够俯瞰圣克鲁兹山脉的玻璃房变成了一处枯燥、无趣的工作空间，而张朝阳则赋予了他这座玻璃房以声色。

张朝阳过去喜欢在这个玻璃房里召开盛大的派对，玻璃房内曾一度聚集了京城的文化人、明星、成功者和渴望成功者，还有希望一窥盛大舞会的记者们。

一位参与过张朝阳组织的舞会的记者回忆，在派对气氛最热烈的时候，这个精瘦的男人的右臂突然举高过头，摆出一个Z形，下巴靠向一侧锁骨，而他的右腿也以同样夸张的姿势向前迈出一步，跳起以自己名字命名的舞步——"查尔斯狐步舞"。张朝阳的英文名叫Charles。

在天气好的日子里，在搜狐媒体大厦的18楼玻璃房内,许多男男女女飞蛾似的在呢喃、香槟和星辰之间走来走去。而现在，这种举办派对的频率大不如前。

大多数情况，张朝阳会在深夜在床上用iPad追看《纸牌屋》。他告诉《博客天下》，他并没有深度介入《纸牌屋》的引进工作，只是在搜狐视频部门买回后才开始看。他最喜欢的女人是《纸牌屋》里的佐伊，在《纸牌屋》中，佐伊是一位用年轻肉体去交换国会秘闻的女记者。

张朝阳喜欢佐伊的原因也很简单，扮演者凯特·玛拉性感、漂亮。

作为一家市值大约28亿美元的中国互联网公司的CEO，49岁的他今年仍然未婚，尽管外界的娱乐新闻经常将他形容成一位从不缺乏女明星环绕的花花公子，但他从不向外界公开谈论自己的感情世界。

2014年2月14日《纸牌屋》第二季的新闻发布会上，一位女记者问张朝阳，他如何看待《纸牌屋》中男主角弗朗西斯·安德伍德与女主角克莱尔之间的夫妻关系，以及他是不是会喜欢这样一种相处方式。在《纸牌屋》剧情中，这对夫妻以政治生命为首要目标，为了各自利益可以互相背叛和出卖。

当听到这个问题后，张朝阳表现出他惯有的狡黠，他迅速身体后倾，靠回自己的座椅上，然后顺势将问题推给他邀请来的两位嘉宾高晓松和周黎明。

他唯一一次谈论对女性的审美还是在他接受杨澜的访谈中，他说："我以前会对女性的形象、身材方面特别挑剔，现在我会精神上更宽容，对美的形态的欣赏更加本质一点。"

当摄影师要求张朝阳试着摆出一个孤傲、目空一切的姿势时，他会说，这是以前的他。

以前的张朝阳内心傲慢。他曾经对杨澜形容："我内心傲慢的程度可能是我见到的其他明星名人没有的。"

与《纸牌屋》中的安德伍德热衷向最高权力攀爬一样，1995年底，从美国麻省理工学院物理系学成回国后的张朝阳也不断攀向互联网世界的权力巅峰，并经历多次安德伍德所说的"那种让人变得更强的痛苦"。

2001年，搜狐公司股价跌至1美金。事后张朝阳向媒体透露，他甚至害怕美国的股东们去同一个城市吃午饭，因为害怕他们聚在一起密谋赶他下台。

"那种痛苦其实是一种担忧，但那个时候的痛苦可以使你紧盯目标。"张朝阳说，"紧盯目标使你忘记这些恐惧和威胁，无论如何都要坚持走下去，把事情做成。"

正是借着这种痛苦的激励，张朝阳挤走了这些令人讨厌的美国股东，并安全度过了中国互联网泡沫。

张朝阳也曾经迷失过目标。杀伤他的恰是在《纸牌屋》中被安德伍德形容为无关权力、毫无价值、徒剩折磨的痛苦。

整个2012年，张朝阳突然远离了媒体，没怎么工作，进入了长达一年半与世隔绝的闭关状态，他研究很多东西，比如大脑结构、西方心理学及脑科学进展以及佛教等等，通过这些在外人看来稀奇古怪的研究来对抗抑郁症。

在2014年2月18日新闻发布会结束当天，张朝阳拒绝回答有关造成闭关痛苦的原因。他说，自己过段时间会写点东西，讲述那段最痛苦的时光。

但一天后，张朝阳第二次接受《博客天下》的采访，主动提及他人生中经历的那次最大痛苦。他说，他的厄运是从雪山开始，在攀爬雪山过程中，他发生了严重的脑缺氧。

在同年接受杨澜访谈中，张朝阳用"最悲催"描述这段闭关状态，当时被焦虑、抑郁、恐惧紧紧包围，"我有很多恐惧，但都没办法描述……脑子里的一些虚妄的想法赶不走，这种想法非常恐怖，以前用脑过度导致脑子出现一些死循环。"

拍摄当天，张朝阳在讲述那次雪山痛苦之旅时，一位常伴他左右的工作人员在身旁安慰他，"那一次，您向上登顶的速度还是很快的。"

张朝阳很快打断这位工作人员的安慰，"你不要老说我好话了，那次只是我痛苦的开始"。过了几秒钟，他再次强调，"那是我人生最大痛苦的开始。"

很少有人确切知道那一次他在攀爬雪山时遭遇了什么。张朝阳一位手下说："当时搜狐公司很平稳，他也稳定了自己在公司的地位。"

张朝阳曾经的下属，现在的竞争对手爱奇艺CEO龚宇对《博客天下》评价说："他是一个感性的人。"

如今，张朝阳试图重返舞台中央，无论是从体力还是精神准备中。他锻炼身体，并计划重新征服雪山。

他逼迫自己走出"树林"见人，重新拾起管理一个大企业的能力与野心，但目前对他来说，重返舞台中心的状态看起来并不稳定，时常会出现在现实与自我世界中游离。连他的手下人都注意到他的分裂，在一次他组织的一场韩国男明星李敏镐的粉丝见面会上，他非常热情地拥抱李敏镐，但拥抱之后，他会陷入突然的沉默。

这位经历闭关痛苦后，自语"重新进入地球"的互联网老兵，是否能够重返舞台中心，面对竞争对手，他将采取何种策略？

张朝阳告诉《博客天下》："我们（搜狐）现在已经被边缘化了，我们现在必须得冲回舞台中心。"

2月14日《纸牌屋》第二季开播成为张朝阳"走出树林"的前奏，搜狐为独播举行的新闻发布会是张朝阳2014年出席的第一个活动。

摆在他面前的，则是一个黑暗程度不亚于电视剧《纸牌屋》的商业世界，其中充斥着权术、背叛、心狠手辣与杀伐决断的激烈竞争，有人入局，有人出局，而且速度变得越来越快。

张朝阳认为《纸牌屋》展示出的不择手段是一种戏剧化的表现，但他也认为，商业世界的激烈程度非常人所能想象。

站在奉行纸牌屋规则的商业世界门槛上，张朝阳显得有些犹豫不决。他说，自己还需要几个月时间来恢复。

重返舞台中心的张朝阳需要面对的对手有很多，除了他嘴里形容的那些"原来不怎么贵，现在一下子就贵起来的"新贵雷军、周鸿祎，还包括他的旧部优酷土豆CEO古永锵、爱奇艺CEO龚宇。他们都表现得气势汹汹。一次，《博客天下》记者问爱奇艺的CEO龚宇，爱奇艺是否可以在视频行业超越搜狐视频，这位张朝阳昔日的下属毫不犹豫地回答，"可以"。

张朝阳的竞争对手都十分强大。古永锵带领的优酷土豆是互联网视频行业最早的领跑者，占据最大的市场份额，并且在技术与商业模式上最成熟。2013年第四季度，古永锵更是高调地宣布，在视频行业普遍烧钱的时代，优酷土豆已经盈利。而爱奇艺、乐视等视频品牌也将视频的触角从电脑屏幕与手机屏幕蔓延向用户的客厅。在视频领域外，雷军的小米公司估值100亿美金，他的"互联网思维"也席卷了整个IT界。

不过，2014年率先对张朝阳发起挑战的并不是这些竞争对手，而是另一群人——那些试图挖出丑闻和善于找到破绽的记者。

2月18日，《纸牌屋》第二季新闻发布会，张朝阳穿着一身格子衬衫，套上一件青黄色西装，坐在全场唯一一把黄色靠背转椅上。与他的好友高晓松，以及影评人周黎明一左一右地与他一起谈论《纸牌屋》。

现场受邀媒体中多为境外媒体，包括《华尔街日报》《华盛顿邮报》《纽约时报》以及CNN（美国有线电视新闻网）等——这些媒体也出现在《纸牌屋》的剧情中，扮演着向权力巅峰攀爬的政客们的结盟者和对手。

在发布会这一天，这些记者们都是有备而来。相较于第一季，《纸牌屋》第二季增加不少中国元素，《纸牌屋》的编剧称，这些关于中国的情节点都是直接从过去一年中的媒体报道中摘取的，比如网络间谍、汇率操纵、稀土出口配额以及中日钓鱼岛争端，甚至增加了一个以黑金操纵美国白宫政治的中国腐败商人冯山德的形象。中国话题成了《纸牌屋》第二季的热点。

在当天的发布会上，《纸牌屋》的政治审查成为媒体追问张朝阳的焦点，不断有记者问他，这部剧是否受到了中国政府监管部门的事前审查、是否会有政治禁忌方面的风险。

有时候，张朝阳在抵挡这些问题时会显得有些吃力，他不愿意回答政治问题。

他事后告诉《博客天下》，一方面，他必须频繁与政府部门沟通，因为关于美剧的监管目前还是一个灰色地带，只有视频网站不断试水，"政府看见可以做了，才会出台一些政策。"另一方面，他不会轻易触碰政治。

但新闻界的行规是，记者以提出让受访对象最紧张的问题而感到荣耀。张朝阳越紧张，记者的逼问就越尖锐与频繁。张朝阳也会出现冷场的状态。坐在他身边的歌手高晓松替他挡掉了部分尴尬。

描写美国政治钩心斗角的《纸牌屋》始终受到政界人士的追捧。美国总统奥巴马在第二季上线前发布Twitter呼吁"不要剧透"，而中国官员也在非公开场合表示喜爱这部剧。

有记者问张朝阳是否知道有官员喜欢这部剧，张朝阳只是回答"我听说一些政府官员还挺喜欢看这部剧的，因此我们没有遇到什么麻烦"。他拒绝透露官员名字。

回答完记者们如同连珠炮般的追问后，张朝阳将身体躺向转椅，露出疲惫的状态，双手抱在胸前，这是一个带有戒备状态的肢体语言。

搜狐工作人员告诉《博客天下》，每次发布会的前一天，他们都会拟好媒体可能问到的所有刁钻问题，让张朝阳做准备，"这些问题都在意料之中，他也很适应这种场合，我们不用帮他准备答案。"显然，他们的老板张朝阳在2014年第一场新闻发布会上的回答让他的员工十分放心。

张朝阳的身边人都察觉，他们这位擅长炒作、组织活动策划、时不时组织派对的明星老板又重新回到了他最熟悉的舞台上。尽管他仍然不得不与自己作斗争。

在《纸牌屋》第二季最后一集里，安德伍德父亲告诉他，"现在是时候是你要亲自去打造属于你的帝国了"。张朝阳的帝国野心始于他的大学时代。早在那时，他就表现出异于周围人的对成功的渴求，他的清华大学同学鲍得海对《博客天下》回忆，学生时代的张朝阳就表现出了"要做大事"的抱负，"这种抱负并不是简单地要学业有成，而是要成为'成功者'，不仅要有影响力，还要有钱。"

鲍得海说，他听同学提起，那时的张朝阳就说过"要当中国首富"。

从大学时代起，张朝阳就忙于向成功巅峰攀爬。他会通过在冬天洗冷水澡的方式锻炼毅力，还会绕着圆明园长跑。1986年，他通过当时全国只有不到一百名大学生能够通过的CUSPEA（中美联合培养物理类研究生计划）留学考试，成为改革开放后最早的一批留学生，他先考取了哥伦比亚大学的物理系，而后转校到了麻省理工学院，也正是在那里，他对计算机产生了浓厚的兴趣。

鲍得海认为，转系这个举动改变了张朝阳的人生，"那个时候他应该可能已经有了要学习最新的技术并以此为自己发展道路的想法。"

张朝阳对自己的第一次改造发生在他去美国留学期间。他果断告别了那位从西安工厂大院走出的腼腆、严肃甚至有些土气的"张朝阳"，并重塑了一位喜欢派对与舞会，引领时尚潮流、流连欢乐场、乐于跟女明星打交道的Party King（派对之王）形象，在日后众多写张朝阳美国求学经历的传记中，人们都能看到，一个穿着时髦、爱跑车和墨镜、习惯参加派对的张朝阳形象。

鲍得海可能是最早见到他转变的同学之一。他告诉《博客天下》记者，在清华读书时，张朝阳的穿着打扮与其他学生没什么区别，通常穿老式的夹克或中山装。

在张朝阳出国4年以后，一次清华大学举办的舞会上，鲍得海再次遇到了从麻省理工学院放假回国的张朝阳，并发现了这位老同学自我改造的成果。

鲍得海远远看见张朝阳独自坐在场边看着跳着拉丁舞的人群。他上前和张朝阳攀谈，这位往日只关注于学业的同学开始对鲍得海的穿着感兴趣起来，当天鲍得海穿了一件时髦的黑色蝙蝠衫，还在胸前挂了一条金属的十字架项链，张朝阳对鲍得海戴的这条项链格表现出浓厚的兴趣，主动挑起了有关项链的话题。

那时的张朝阳已经开始喜欢这种时髦的东西，这种对时尚的精准把握成为他日后参与商业竞争的一种手段。

张朝阳是中国互联网商业的最早入局者，1995年，张朝阳与ISI公司合作融资100万美金，成立"中国在线"。1996年10月，创立爱特信——搜狐前身，成为中国以海外风投资金建立的第一家互联网公司。创业初期，他凭借自己的意志力说服了美国投资商为他事业提供最开始的燃料。

1999年时，手握6000万美元的新浪发展势头正猛，令还没完全找到方向的张朝阳不知所措。而chinaren.com等新生代门户也依靠近乎疯狂的烧钱一夜成名。只有两岁的搜狐，随时可能被遗忘。

由于融资不力，可供搜狐使用的资金仅是新浪的1/10——按当时的游戏规则，几个月之内就可能弹尽粮绝。因此，他选择了最便宜也最有效的方法：树立个人品牌。一度，张朝阳像其他所有CEO一样大谈"泡沫就是互联网的革命"，并不时出现在各种公众场合，而私下里却在紧张地压缩成本。

当时的张朝阳经常身兼记者、运动员、模特穿梭在不同场合中，为搜狐公司摇旗呐喊。他此后一直延续这个做法：在汪小菲与大S婚礼上，张朝阳为了宣传搜狐微博，提前用搜狐微博发布信息。在参加亚布力企业家论坛，他和王石一起登山。这些炒作都为张朝阳宣传企业解决了大量成本。搜狐负责公关的一名工作人员说："一些宣传创意只有张总能够想得出来。"

在现实的商业世界里，张朝阳不得不面对《纸牌屋》里权斗者经常遇到的背叛与分裂。他告诉《博客天下》："早年的我不太能接受，现在，别人挖我的人，我也挖别人的人。"

一位熟悉视频行业的业内人士告诉《博客天下》，爱奇艺的CEO龚宇在离开搜狐的时候，也带走了一批搜狐视频的骨干。张朝阳的搜狐一直面临着人才流失的情况，搜狐甚至被视为视频行业的"黄埔军校"，视频行业用户第一的优酷土豆CEO古永锵曾是搜狐原总裁兼首席运营官、爱奇艺的龚宇曾是搜狐高级副总裁。

现在，这位尝试"走出树林"的互联网老兵开始有了复苏的迹象，这是他对自己的第二次改造，张朝阳将这种改造视作"心灵的'文化大革命'"。

从搜狐引进《纸牌屋》第一季到第二季《纸牌屋》开播，时间恰好是一年，这也是张朝阳试图让自己从树林里走出来的一年。

第一季引进中国的时间是2013年3月，当时，这位社交高手在沉默许久后重新点亮了玻璃屋的灯管。他身边的搜狐视频工作人员说，2013年下半年的张朝阳基本上一个月一个活动，有时候在他的玻璃房，有时候他则在三里屯的酒吧里。

张朝阳亲自出任搜狐视频的代理CEO后，搜狐视频举办活动的频率与曝光率明显更高。他身边的公关人员举例，2013年下半年热播剧《小爸爸》并非在搜狐视频一家独播，但是能想到点亮搜狐大厦的灯光，拼出"小爸爸"三个字为导演文章庆功的，只有张朝阳。

张朝阳的身边人都察觉，他们这位擅长炒作、组织活动策划、时不时组织派对的明星老板又重新回到了他最熟悉的舞台上。尽管他仍然不得不与自己作斗争。

2013年，搜狐视频推出的自制节目《屌丝男士》，成为最热门的网络自制喜剧，张朝阳亲自挂帅的搜狐视频把10多年前在搜狐娱乐当实习编辑的董成鹏捧上了央视春晚。

这一年，他还把观众只能在网上看到的美剧明星《吸血鬼日记》的保罗·韦利斯和伊恩·萨默海尔德、《尼基塔》的Maggie Q以及《生活大爆炸》的约翰尼·盖尔克奇请到了北京。在三里屯的酒吧里，他为这些明星们举行了奢靡的欢迎酒会。2013年，搜狐视频几乎每推出一部热门电视剧，张朝阳都会把这些剧的首映和庆功变成一次派对。

2014年，张朝阳和自己的竞争对手们一样，砸入3亿元用于视频内容的购买和自制内容的投入。巨大的投入后是不错的效果。

虽然张朝阳并不认同剧中主人公为了攀上权力巅峰而使用的不择手段的权谋之术，但他认同在硬性规则下进行博弈与交易的理念。

尽管他自己并不承认，在某些方面，张朝阳的商战策略与安德伍德类似。在《纸牌屋》中，安德伍德总是为达到目的不断争取同盟者甚至对手结盟，拉拢对手、分化对手是他总能绝处逢生的手段。张朝阳在他弱小的时候也曾使出合纵连横的手腕。在他最重视的视频行业反盗版问题上，他几次都作为反盗版联盟的盟主号召视频行业打击盗版。

一次是2009年，张朝阳与激动网以及众多影视制作公司和广告公司结成反盗版联盟，针对古永锵的优酷发起进攻。

当年，优酷网靠网友上传内容迅速树立了品牌，然而盗版影视剧内容也混淆其中。张朝阳以反盗版的名义把这个当时行业中几乎所有人都心照不宣的"潜规则"置于桌面上进行批判，顺势他也以一种旁人难以想象的"烧钱"方式推出"正版视频"的概念。他以每集2.5万元的价格买下电视剧《大秦帝国》的播放权，开启了电视剧网络版权的正版时代。

2013年，他又是以"反盗版联盟"的名义出现在了网络视频大战的前线。这一次他联合当年被他批判的古永锵的优酷土豆又一次组成了联盟，攻击百度影音的盗播行为。

这是张朝阳出关后针对竞争对手的第一个大行动，这一行动很快得到回报，百度影音和快播不得已撤下了所有盗播的链接。在反盗版联盟取得胜利的几周中，张朝阳每次参加发布会都会刻意提起这个话题，说到自己的战果，两眼放光。

利用联盟打击古永锵，又联合古永锵用同样的手法打击百度。张朝阳不承认他的这种手段针对某一个人，而是反对在互联网行业牌局中破坏规矩的玩家。他说："古永锵一开始是盗版，我打盗版，后来他改邪归正了，我自然要联合他。"

张朝阳告诉《博客天下》，他正努力与过去的张朝阳告别。"现在我就彻底地把自己放回平民位置，就一介平民。"

"在《纸牌屋》剧中，你最愿意成为哪个角色的人物，政客、记者、商人？"记者问。张朝阳毫不犹豫地选择了后者，"尤其在中国，我下辈子都会选择做一位中国互联网商人。"也就是说，尽管怀着犹豫，他已经做好足够的准备重新迈进他一度逃离的"纸牌屋"。

（2014.3.5）

对话张朝阳

痛苦归来，奋力反弹。

本刊记者/梁君艳　实习生/谢如颖　徐菲

搜狐董事局主席兼首席执行官张朝阳。

这是张朝阳春节之后第一次接受杂志专访，比他预想的"出场"要早几个月。闭关归来后，张朝阳跟人接触得很少，露脸时通常是为搜狐站台。

历经痛苦的张朝阳，想看到反弹的力量。他谈论人如何面对痛苦，也谈论如何面对即将迎来的网络挑战。

这位中国互联网第一代掌门人，如今正被后来者甚至他以前的下属赶超。

他承认搜狐落败的现实，但又对搜狐的布局充满信心。他将搜狐的爆发方向锁定为媒体平台、视频、搜狗和游戏四大业务。"每天对产品细节的改善，对运营效率的改善"，这被他视为提升爆发力的方法。

博客天下：现在搜狐往前推进的最大阻力是什么？

张朝阳：就是爆发力。我们现在已经边缘化了，必须得冲回舞台中心，我们的资源和卡位还不错，但是呢，确实需要有这种爆发性的力量。

博客天下：未来会从哪些方面爆发？

张朝阳：从媒体平台到视频到搜狗到游戏，这几个方面首先要考虑。游戏我现在考虑得不多，王滔团队做得不错，另外三个领域考虑得比较多。

博客天下：要先变革，然后再爆发。

张朝阳：对，变革往往不是一个伟大的突发奇想，我觉得变革往往来自每天的运营效率的改善，每天在细节上的改善，这种改善积累到一定程度，在外界看来就是爆发。

博客天下：互联网行业的变速特别快。传统行业比如家电，发展速度、格局变更稍微慢一点的。你觉得互联网思维和传统思维本质区别有哪些？

张朝阳：互联网企业在中国所有的行业里最接近纯粹市场化，因为互联网上，线性资源不起作用，在目前环境下，过去做生意要有很多的资源，你能审批一块地，你能从银行贷到款，你有什么关系，你有房子抵押，这些线性资源对传统行业很重要，但在互联网行业不起作用。一个什么线性资源都没有的人，只要有一个创意想法，情商智商都很高，能组织一个团队，创造出一个产品，这个产品特别好，特别符合市场需求，它就会爆炸。这个爆炸的速度是指数级的，最后他做到一定程度以后，它的增长已经跟他自己无关，网民会帮他成长、帮他承担。指数级成长最后形成的用户规模，令早期那些带着资源来但是做不出好产品的人根本没法竞争。

博客天下：做互联网会造成很大的压力，互联网企业有一个现象，发展到巅峰状态时，掌门人突然不再办公或不再回公司。你怎么看待这种现象？

张朝阳：这种事，天有不测风云，每个人如果太顺利，可能就会进入不顺利，就是磨难，人不可能一辈子什么好事都让你占了。如果能够从痛苦中反弹——英文里现在很流行的词叫bounce back（反弹），就是resilience（快速恢复），就是这种反弹和韧性，这是面对痛苦对一个人的衡量，这个痛苦，也不叫什么磨难，只能叫痛苦，每个人的痛苦从表面上看也不是什么事儿，但是可能跟每个人的大脑有关系，你脑子到了一定程度，可能会出现某种差错。重要的就是面对痛苦，怎么能够在痛苦中崛起，那你最后的筹码就比你在痛苦之前更强。你就会有一个更有意义的人生。

博客天下：《纸牌屋》里商人可以直接影响美国政治，在中国，联想的柳传志说过，商人要远离政治。你认可他吗？

张朝阳：我觉得做互联网还是不一样，与政治的关系不是特别大。中国与美国是两个完全不同的体制。在美国，商人对政治的影响也没像《纸牌屋》里说的那么大。美国政府真的是没什么事可干，就是收税，然后通过一些法案，很多事情都是靠司法解决的，比如企业之间的竞争。中国政府比美国政府忙多了。所以就说不一样。我觉得在中国做互联网，还真的不用太多地跟政治有关系。然后因为我们在这个环境下，我们确实要集中精力做好自己的企业，而且做好企业本身就是在建设性地推动中国进步。因为中国现在的改革和开放，主要就是如何牢牢确立市场经济的地位，以法治为基础的市场经济。在中国做企业要按照中国法律，要行得正、走得端。不搞邪门歪道，努力做好自己的企业，这是一个推动中国推动进步的有效的方法，所以不用去过问太多政治。

博客天下：企业家不可避免要与政府打交道，比如电影电视剧要过审查。你在跟政府打交道方面有些什么技巧？

张朝阳：我觉得也不用什么技巧，就是经常沟通，沟通比较多。然后我觉得中国政府对互联网方面的管理还是比较宽松的，很多东西表面上是允许尝试的，尽管在法律上也属于灰色地带。比如说对美剧的引进，其实也是政策上的灰色地带，美剧盗版正版在不断地放。所以就是说，你在做一个正确的事情，政策上也没有明确地规定你继续做或不做。你做好了，大家都这么做了，最后政府也会出台一些政策，来认可你的这种做法。我觉得这是在中国做事情的一个规则。你要做正确的事情，做好的事情，不用太操心政治。

博客天下：你在《纸牌屋》第二季发布会上说，人性是丑恶的，规则和框架是刚性的。在商业竞争中，你也认同、奉行这种规则吗？

张朝阳：对，互联网经济的话，大家都是比较遵守规则的。这个倒不是说针对整个社会的。我觉得宗教、信仰或价值观等作用的道德层面，以及法律保证的刚性规则，都很重要。

在制定规则的时候，一定要假定人是基本上自私的，这样你才能通过这个规则把各种漏洞堵住，使得人们根据这个规则来进行人与人之间、人与组织之间、组织与组织之间，进行博弈、诉讼和评判，最后形成一个平衡的状态。

博客天下：这些年你突破过规则吗？

张朝阳：没有，基本上没有，我们是一定要按照规则办事的，从创立之初，入资，包括董事会的管理都是国际化的，从第一天就这样要求。建立公平竞争的原则，对整个中国的发展、经济的发展是非常重要的。作为企业，有时候是无能为力的，只能靠政府和司法来实现这样一个职能。

政府和司法如果实现了维护市场公平竞争的原则，其实是提高国家竞争力的最好方式。如果把这个公平竞争的规则按钮一启动，让民营企业按照公平竞争的规则去激烈竞争，你不让它发展它都发展，视频行业已经充分证明了这一点。

2009年打完盗版之后，视频行业发展很好，电视剧的质量越来越好。现在的问题就是后来为什么我们打盗版必须通过媒体联盟？说明中国司法的牵制力还不够，现在打盗版这件事儿白纸黑字还比较不好弄，大家对于做正版还是做盗版，黑白还是很分明的，但很多事并不那么分明，比如说软件在客户端、PC上和手机软件上互相的攻防和竞争，这里面很复杂，公众是根本不了解的，这就要加上司法判别的成熟度。就像美国硅谷的IT产业，就是在无数的司法藩篱中成长的。当年苹果对微软的起诉，当年甲骨文对微软的起诉等，起诉博弈才能把规则搞清楚，最后让利益达到平衡，大家才开始创新。

对知识产权的保护，很多事情不像盗版和非盗版这么黑白分明。国内对百度的判罚就是几百万元。一开始西方媒体没怎么在乎，他们觉得百度没怎么盗，就那么点儿，因为他们看到的世界就是以司法来判定的，都是几十亿美元、几百亿美元的判罚，百度判罚几百万，who cares（谁在乎）？所以我觉得让一个国家有竞争力最有效节省的方法，就是司法公正，通过司法手段维护公平竞争。只要公平竞争，人们就不会削尖脑袋去投机，而是去研发、投入，然后去竞争，然后硅谷就会产生。这就是为什么美国一百多年来维持增长，美国永远在创新。

博客天下：你有没有被突破商业规则的人伤害过？

张朝阳：互联网行业还算比较好，倒没有什么大的伤害，就是比如网站之间互相挖人，这个东西也是中国的国情，也不可能改变，比如说当时人才的流动，流动走了之后带走了你的商业秘密，自己去发挥或者给竞争对手，别人在挖我们的人，我们也在挖别人的人，中国就是这样的，所以整体上来讲我还是满意的，互联网行业整体上竞争是比较公平的。

博客天下：你之前说，通过看《纸牌屋》，至少大家的视野会更开阔，你说中国人过去对美国的认识是错误的，错误有哪些？

张朝阳：我们国内有一批人认为，美国是整体统一意志要去对世界产生影响的，这样的想法不太正确。

美国更像是一个市场，像一个AppStore，它的各种力量在博弈和制衡。这样的好处就是，在一个框架之下，美国的某一家媒体在表达这个事情，不代表美国在表达这个事情，不代表美国政府在表达这个事情，不代表美国的社会在表达这个事情，它不是统一的，它是一个开放的市场。我觉得这个可能是我们国人习惯我们国家的统一意志，可能有时候就会把我们自己的这个模式套进美国，去看美国。

博客天下：它是复杂的。

张朝阳：它是复杂的，没有人可以操纵他，它就是一个结构。在这个结构下，你在玩游戏。你说总统是一个傀儡，被各种财团操纵，这个说法也不对。美国总统的权力非常大，总统签的法案可以让你直接交税，能决定各种投入，但总统又同时不握有全部的权力，受到制衡。这是对美国统一的意志或者说是美国阴谋论的一个比较幼稚的看法的更正。但是另外一类，说美国什么都好，美国人都特别善良，美国人民都好像慈善家似的，这种观点也不对。其实美国人都很精的，因为美国竞争太激烈了，在每个领域都激烈竞争的情况下，每个领域都会特别得细致，所以跟美国人打交道呢，不要认为美国人都是慈善大使或者gentleman（绅士），美国人在规则之下，会让自己的利益最大化。

（2014.3.5）

《纸牌屋》里的中国牌

一位不了解中国的加拿大华裔演员和一组不熟悉中国的美国编剧联合制造了这部流行美剧中的中国元素。

本刊记者/周琼媛　吕昊　图/Rob Gilbert

"在小树林的戏中，副总统安德伍德想要控制，我对他表示蔑视，我们在试探彼此的底线。"在《纸牌屋》第二季中饰演中国商人冯先生的华裔演员特瑞·陈接受《博客天下》专访时说。

在这个小树林里，特瑞·陈饰演的中国商人正不断挑战美国副总统的底线，并最终将中美对抗推向制高点。试探但并不突破底线也是《纸牌屋》第二季剧情中中美对抗的重要原则。

相较于第一季，《纸牌屋》第二季大大增加了中国元素。编剧塑造了一位有保镖待命的中国商人，他喝5000美元一瓶的威士忌，为了洗钱去参加赌场聚会，他还利用黑金影响美国白宫政治。

在出演这个角色前，特瑞·陈被《纸牌屋》制作方工作人员告知，这是一个有意思、具有领袖魅力的中国商人，如果非要参考一个人物，那就是杰·盖茨比。盖茨比是美国作家菲茨杰拉德小说中的人物——一个喜欢办派对、为追求爱情挥金如土的美国富豪。但事后，特瑞·陈发现，两者唯一的相似点在于，他们都认为钱可以买到一切，"他们的成就都是建立在腐败之上。"

与剧中有红色背景的商人冯不同，特瑞·陈出生在一个不富裕的家庭。1973年，他的母亲揣着100美金移民到加拿大。2年后，他在加拿大出生。因为父亲做销售，一直在各地开发市场，他们一直在加拿大各个城市之间搬家。到高中毕业时，他已经换过了大约8所学校，大多数时候，他都是班里唯一的一个中国孩子。

"我从小就很独立。母亲告诉我，大概在我3岁的时候，家里开了个便利店，我每天都会拎着一个垃圾袋到处跑，帮家里人打扫卫生，直到关门大家都走了，我才独自一人拖着垃圾袋走回家。"他告诉《博客天下》。

作为亚裔，他的父亲希望他能好好读书，但他并不喜欢这种按部就班的生活。后来，他忤逆父亲的意愿，决定从高中退学，并开始环游世界，他的理由是"没有什么事情让我自己真正投入地喜欢它"。在加勒比地区住了一段时间后，23岁的他回到加拿大，开始重新寻找那种能够让他真正投入的事业。

"我想了从小到大自己喜欢做的事，然后决定，我要做一名演员。但除此之外，我不知道怎样才能达到这个目标。我决定先回加拿大尝试，然后我成功了。"

此前，当《纸牌屋》邀请特瑞·陈出演，他感到十分兴奋与荣耀。他相信，《纸牌屋》第二季能给他的演艺生涯带来好运。

生活并不让人处处顺意。特瑞·陈在《纸牌屋》中的第一次亮相就让他尴尬。他被绑在床上，用塑料袋蒙住头，身体赤裸地躺在床上面对一男一女，在他出演的第一场戏中，编剧将他塑造成一位有特殊性癖好的中国商人。

"我准备这场戏的时候是开始这份工作的第一天，跟其他人都不认识。可以想象，其他人在我进组的时候就已经拍摄了半季甚至更多了，我得脱了衣服，跟那两个搭戏的演员一起，在戏中，你不能太在乎自己，你被付了钱工作，这工作有时候也需要你裸着，有时候需要你做点儿奇怪的事。我还是觉得这些都挺有乐趣。"特瑞·陈与《博客天下》分享他初次出演《纸牌屋》的心情。

2013年7月19日，美国东部时间0点30分，马里兰州巴尔的摩的一处小树林，温度还在90华氏度（30℃）左右徘徊，特瑞·陈站在小树林的暗处，一堆拍摄灯打在他的脸上，显出他桀骜不驯、强势的表情，同时也让他感到燥热，他的脸上渗出了细微的汗珠。

朝他走来的是和他演对手戏的凯文·史派西。前一天，这位美国奥斯卡影帝凭借《纸牌屋》第一季获得了艾美奖最佳男主角提名。

两人交锋的场景出现在《纸牌屋》第二季第5集，也是特瑞·陈所扮演的中国商人冯和凯文·史派西扮演的美国副总统安德伍德在剧中的第一次权力较量。特瑞·陈说，这是他和偶像凯文·史派西合作过程中最喜欢的一场戏。为了拍好这一幕，他们提前花了1小时来对戏。

拍摄片场和南北战争期间乱七八糟的军营有几分相似，满是临时帐篷。演员和导演不停地磋商，助理们来来去去，忙前忙后。

他们演对手戏的小树林是美国历史的转折之地，美国南北战争的最后一次血腥行军始于这里，代表美国北方军队的格兰特和维护奴隶制的李将军在这里短兵相接，最终前者击败了后者，维护了美国统一。

　　当晚在小树林，特瑞·陈与凯文·史派西也在进行第一次交锋，他们的对话被诸如"时代更迭，中国今非夕比"这样的句子充斥。

　　在加拿大出生的华裔演员特瑞·陈对中国并没有太多印象，对中国的政治更是知之不多。他不知道现任的中国国家主席、总理都是谁，但出于演员的好奇心，他会顽皮地反问记者，"你告诉我，他们都是谁？"

　　他与中国的勾连更多是他的东方面孔，他的母亲是大陆人，他的父亲是台湾人。

　　在戏中，他饰演的冯姓商人角色被编剧设置为祖父死于"文化大革命"、怀念家族荣光的商人，这个商人谙熟中国政治运作，并在最危险的边缘享受金钱与权力带来的刺激与荣誉。在小树林里，特瑞·陈饰演的这位中国商人告诉美国副总统安德伍德，"在毛泽东的领导下，少数中国军队战胜了多数的国民党军队，统一了中国。"

　　现实生活中，特瑞·陈对20世纪40至70年代的印象则是自己家族的流亡。他曾经听家人们说，他的母亲在解放军进入北京时离开大陆去台湾。特瑞·陈说："政治可能是部分原因，但更多是姥姥与姥爷的感情原因。"因为，在他童年海市蜃楼的印象里，"家族合影中，所有照片有关于姥爷的部分都被姥姥给剪掉了。"

　　特瑞·陈记不清，自己第一次来到北京是2001年还是2002年。当时，他去了天安门、天坛。在北京的十来天，他感到自己是一个异乡人，"我不是中国人，我的气味不一样，我看起来有点儿不一样，我穿的也不一样。"

　　特瑞·陈饰演的中国商人的打造者是一群不那么熟悉中国的编剧组。

"执行制片人、首席编剧威利蒙也只是在本科时修了一门《中国近代历史》。"哥伦比亚大学政治学教授吕晓波告诉《博客天下》。威利蒙也是《纸牌屋》第二季要将中国元素编进剧情的提出者。

威利蒙是哥伦比亚大学1999届毕业生。当时才二十来岁的他不会想到，十多年后他需要捡起关于中国的知识。

他从书中学到的知识明显不够用，索性拿起电话约见当年教他的历史课老师，老师让他的同事吕晓波一起给威利蒙补课。

2012年2月底，威利蒙一行十多人来到了哥伦比亚大学。此时，重返母校的威利蒙已经小有名气。他因担任电影《总统杀局》的编剧获得第69届金球奖电影类最佳编剧提名，《总统杀局》影片本身也多次被包括奥斯卡金像奖在内的国际奖项提名为最佳改编剧本。

"威利蒙有一张孩子气的脸，看上去很年轻。"2014年2月底，在德国柏林讲学的吕晓波向《博客天下》忆起那次见面。第一次与编剧打交道的吕晓波只记得这群人穿着随意、不起眼，甚至跟学生没什么区别。

在学校的一间小会议室里，吕晓波和编剧组凑在一起交流与中美关系相关的议题，现场的氛围更像是一场研讨会。

"他们没有提及具体的剧情或角色设置，更多的是了解中美关系有什么大事，比如他们问我汇率重不重要。"吕晓波回忆。

一年后，吕晓波看到第二季中与中国相关的情节大约占了一半。稀土危机、网络黑客、人民币汇率争执、贸易纠纷、中日岛屿冲突等近年来的中美重要议题都被纳入剧中。

"有些事儿是2013年新近发生的，可见编剧们是在不停地添加新东西。"吕晓波说。

编剧之一肯尼思·林在接受媒体采访时也透露，威利蒙在写《纸牌屋》第二季前就确定要加入中国元素了。林负责写第二季第5集，在那一集，中国商人冯出场。

吕晓波了解到，威利蒙和他的编剧组想要在剧中加入中国元素是因为"这部涉及美国政治的讽刺剧，一定会卖给中国。"

旅美20多年的吕晓波认为，在美剧中添加中国元素一点也不奇怪、也不突然。"20年前或冷战时期，如果写美国的国际关系，可能会提到苏联。中国元素在美国的电影作品中早就有了，不过在美国的电视剧中大量谈及，这可能是第一次。"他说。

史派西在接受西方媒体采访时也说，"中美关系这么重要。在美国政治中不提中国，我觉得不可能。"

36岁的威利蒙花了4年来创作《纸牌屋》第一季和第二季。即便是在第二季拍摄期间，"我要么待在巴尔的摩的特里贝卡酒店房间（被用来当做写作室），要么就是待在片场附近的简陋拖车里，跟着剧组到处走，一整天的大部分时间都用来创作或重写新一集的剧本，只是偶尔才打个瞌睡。"威利蒙在个人Twitter上说。

华裔演员特瑞·陈用务实来形容这位编剧。"威利蒙总是在片场监督拍摄，以确保影片的拍摄按照他所期待的方式进行。"特瑞·陈告诉《博客天下》。

威利蒙组织编剧开了好多次角色塑造研讨会。他们在一张白板上写每一集的分解图、每个角色的最新命运进展，连那些小角色们也不会被遗漏。

除了中美重要议题，他和编剧组笔下的美国人表现得很了解中国、甚至能洞察人性。他们张嘴就能说出"和中国人打交道，坚持比

妥协更能赢得尊重""中国人不吃敬酒我们就上罚酒""以和
为贵"。

沉浸在创作世界中的威利蒙一到外景地，立刻露出苦恼的表情，
开始为各种细节操心。

他在意片场那些金属立柱护栏的摆放位置，他会亲自撰写《纸牌
屋》在Nexflix播放时每集150字的内容提要。

当他看到安德伍德的办公室几乎和现实美国政治生活中，众议院
多数党督导的办公室一模一样时，他兴奋不已地说，"连照明灯开关
高度都一样。"

但他一点也不在意自己的外表，记者探班时看到他头发梳向后
面，乱七八糟的，衬衫没有扎进腰带里，散着鞋带，牛仔裤的口袋破
烂得钱包要掉出来。

尽管中国情节的比重很大，但只有几个院落的镜头在中国拍摄。
中国镜头的执行导演科林在接受记者采访时说，整个筹备和拍摄流程
用了三周半的时间，预算超出了原计划的3倍。

第2季第7集中，中国商人冯的花园外景取自云南丽江悦榕庄。
这家豪华的五星级度假村显然不是中国人眼里的富豪家。科林解释，
"它其实是西方人概念中的土豪豪宅，而中国人的观念反而会比较
西化。"

特瑞·陈不知道自己扮演的中国商人是否符合现实中的中国商人
形象。"好莱坞始终对中国人的形象有刻板印象。对于每一个来自少
数种族的美国人，比如非裔、南美裔、华裔这些有色人种在好莱坞总
会遇到很多挑战。因为好莱坞总会把他们区分开来，从而更好地推广
并市场化。"特瑞·陈说。

在现实世界里，出生在加拿大、生活在白人文化里的第二代华裔特瑞·陈也常常感觉自己是个异乡人。"我在加拿大长大时，看起来就跟其他人不一样。"

现在，年纪渐长的特瑞·陈开始思考身份归属。他希望等岁数大点能多去几次北京和台北。"我深深地被那里的文化吸引，这文化就存在于我的基因和血液中。"他还希望好莱坞对中国人的刻板印象能慢慢改变。

在《纸牌屋》第2季中扮演中国商人的特瑞·陈总感觉自己是个异乡人。

（杨弋、杨迪慧对本文亦有贡献）

（2014.3.5）

第七

章

褚橙喻意

　　褚时健与喻华峰的合作，并非是简单趋利的商业合作，而更像是一场对两人跌宕人生的情感营销。

本刊记者/冯霄

本来生活网创始人喻华峰不愿提及他与商业合作伙伴褚时健的人生交集，他把两人的交往更多视为一种私事，只可意会不可言传。

喻华峰的下属、本来生活网市场中心总经理胡海卿也严格遵守这一原则。第一次前往哀牢山见褚时健时，他就嘱咐一同前往的媒体不要总是提及褚时健的过去。与他同行的本来生活网总裁助理孙红解释："对于一个80多岁的老人，总去问他过去的经历，这不公平。"

"不公平"这句话更像是对褚、喻跌宕人生的某种粗线条概括。现在，他们都在极力回避对外界讲述那段过去。喻华峰拒绝回答《博客天下》记者关于他个人的问题。

褚时健则对蜂拥而来希望窥视他神秘过往的媒体说，过去的事情没什么好说的，关键是把现在的事做好。

褚时健与喻华峰有共同的经历，他们曾在体制内部一手创办辉煌事业，都曾入狱。褚时健缔造了云南红塔集团，1999年因巨额贪污和巨额财产来源不明罪被判处无期徒刑。喻华峰制造了《南方都市报》的经营奇迹，2004年因贪污和行贿罪被判有期徒刑8年。

在入狱时，他们都被人同情与声援。在1998年初北京两会上，十多位企业界和学界的人大代表与政协委员联名支持褚时健。一个听上去很能打动人的说法是："一个为民族工业做出如此巨大贡献的国企领导，一年收入竟不如歌星登台唱一首歌！"

而对喻华峰的声援，一部分来自广东省德高望重的退休老干部等人。

他们相差40岁，并先后成名。1990年，褚时健被授予全国优秀企业家终身荣誉奖"金球奖"。同年7月，22岁的喻华峰从人大新闻系毕业，是初出茅庐的职场新人。

他们都曾是中国改革的代言人，更是理想主义的信奉者与践行者。1994年，"烟草大王"褚时健被评为全国"十大改革风云人物"，走到了他人生的巅峰。不久后的几个月，喻华峰也入职《南方周末》，这是一份被誉为站在改革前端的新闻报纸。"改革"似乎成了能将他们统一在一起的符号。

一位人民大学新闻学院学生至今还能回忆起，在喻华峰深陷南都案时，他来到人大讲课的一幕。"那个时候他可能已经处于取保候审阶段，但他仍在对台下的听众讲述自己的媒体理想，他不像一个广告人，而是一位纯正的媒体人。"

在那场"国退民进"式的国企产权改革中，喻、褚二人相继陷入各自人生的困境。相似的生命经历让他们彼此怀有好感。喻华峰不愿透露他第一次见到褚时健的交流细节，他只说，见到对方时十分感动。"现在我与褚时健保持了良好的关系。"

当被问及是否被褚时健的经历打动时，他说"是"。

命运可以摧毁一个人，也可以成全他。在狱中煎熬了四年后，喻华峰在2008年2月出狱，并回到了他从事多年的媒体行业，他担任网易副总裁。而此时，褚时健的"云冠"橙开始扬名于云南省，他的果园开始盈利。

2012年7月，喻华峰获得2亿投资，他辞去网易副总裁，摆脱了让他成名、受罪的媒体行业，创办微特派和本来生活网。这一年也是褚时健种橙的第十个年头，褚橙首次大规模进入北京市场。

命运的戏剧性也在捉弄两个人。

2012年，一个从云南飘到北京的橙子把他们的命运相勾连。很难想象，如果两个人没有坎坷的经历，如何会产生如此契合的交集。

两个曾经对"市场化改革"有功，又曾"出过事"的人，在商业领域天然结合，并成就斐然。

不谈过去，但谁都知道，两人跌宕起伏的过去确是本来生活网与褚橙联姻的最好卖点。

本来生活网，这家诞生于2012年的电商公司凭借销售"褚橙"平地而起，用两年时间掀起一场风暴。2013年12月7日，当最后一批褚橙也开始出售时，接近2000吨褚橙不出意料地将被一抢而光。偏安一隅的褚时健同样知道"褚橙"所引发的喧嚣。褚时健很想证明，即便没有了权势，他的个人财富故事依然能够得以延续。据估计，他的资产已经破亿元，以86岁的高龄再度成为亿万富翁。

而在外界看来，与有复杂故事的喻华峰所创立的本来生活网的成功也依赖于故事。喻华峰的手下，本来生活网市场中心总经理胡海卿并不否认这一点，但他还不忘补充一句："品质还是最重要的。"

默契

不谈过去，是本来生活网上下与褚时健未曾见面时就达成的共识与默契。

2012年9月的一天，在位于北三环长新大厦7楼的本来生活网总部里，内部人员正在召开一次特别的会议。会议由本来生活网市场中心总经理胡海卿主持，这家刚成立不久的生鲜电商正在筹划一个特别行动—引进"褚橙"。这个线索最早是由本来生活网买手李小多发现的，此前他是《新京报》前地产记者。这份报纸于2003年由喻华峰等人创办。

"这的确是一个值得做的点。此前我们做媒体时，就对褚老的事情有所关注，他是一个我们原来想采访又采访不到的人。"曾在《南方周末》供职，做过多年人物报道的胡海卿说。

喻华峰牵头创建的本来生活网的团队成员里，不少是他以前在媒体圈的旧部。市场中心总经理胡海卿、总裁助理杨学涛曾供职于《南方周末》，运营中心总经理戴山辉也先后供职《南都周刊》《新京报》。此前的很多年里，这群人最擅长的就是策划故事。

在媒体工作的日子里，他们的职责就是发现选题、策划选题。讲好故事的本领对他们来说是一种近乎天生的职业习惯。

关于本来生活网的行业定义，市场中心总经理胡海卿、副总经理蒋政文都将其概括为"媒体化电商"，在内部，他们以编辑部自居，采购人员被称为买手，策划、销售人员被称为编辑。每周一次的选题会还如报社一般，只是"选题"变成了"选品"，如褚橙就是买手在原产地发现的"选题"。

现在，他们将以往工作的流程移植到电商领域。谈到跨界，胡海卿对《博客天下》说："在做媒体的时候，我们会把内容产品化，做一个专刊，形成一个活动，经过这样的包装它是有销售价值的。现在，我们做电商是把产品内容化，无论是'褚橙'，还是潘石屹的苹果，它背后都有可言说的故事，在哪里生产、由谁生产、生产它的人可能有什么故事。因为我们是媒体人，我们愿意去挖掘这些东西。"

媒体行业里训练出的随机应变与出众的策划能力，帮助由媒体人组建的本来生活网迅速从一众电商中脱颖而出。

褚时健的"褚橙"是喻华峰的本来生活网策划出的众多好故事之一。"褚橙"的故事除了商业、人生励志部分外，还伴随着褚时健个体与体制高烈度的抗争，也因为这种抗争才区别于其他商人浅薄的致富故事。

胡海卿记得，在此前选品会上，引进"褚橙"的决定已经被包括喻华峰在内的公司高层点头通过。到哀牢山拜访褚时健并敲定合作是本来生活网的下一步计划。

胡海卿很谨慎地部署着一切，他选择了一个买手、一个市场部专员和总裁助理孙红一起拜访褚时健，孙红是一位资深的农产品专家，"他的云贵川口音跟褚老沟通起来也会比较顺畅。"胡选择了几家媒体跟随报道，他嘱咐媒体不要提及褚时健的过去。那一次陪同胡海卿前往的随行人员孙红对《博客天下》说："不谈过去，我们只谈前'橙'。"

2012年10月22日是胡海卿第一次见到褚时健的日子。在他眼中，褚时健穿着一个宽大的圆领背心，上面带着汗渍和泥点，像是刚在地里回来的样子。褚时健戴着眼镜，说话十分有条理，带着很浓的当地口音。"80多岁的老人聊起种橙子来，眼睛放光。"但他显然不愿谈起媒体最感兴趣的话题—他那段既辉煌又兼具痛苦的过往。褚时健说，以前的事情没什么可以说的，关键是把现在的事情做好。

而对胡海卿来说，初见到偶像的激动不能替代摆在他眼前的担忧。摆在他面前的橙子呈青黄色、并因为风沙侵蚀布满划痕，跟来之前他期待橙子的饱满形象并不相符。"脑海中想到的第一个词就是青黄不接。这种疑虑直到尝到橙子时才被化解，刚吃的第一口，心里'砰'地一下，感觉橙子一定能卖好。"胡海卿说。

像以前管理企业一样，现在的褚时健依然是个强势的管理者。他对工人的管理严格，要求工人不准迟到并绝对按照要求。工人们抱怨说，所有事情都要在他眼皮下实施，他对他们一点不放心。

与昔日生产烟草一样，褚时健对品质有着偏执的要求。褚时健坚持认为橙子的酸甜比应该在24:1。

褚时健甚至也没有放弃他直率的说话方式，他尖锐地表示湖南的橙子就像红糖块，不符合中国人的口味。而这一瞬间也被机敏的摄影师抓取，照片中，他对着镜头，表情严肃，嘴角下撇，右手伸于胸前，拇指和食指的空隙就是一块红糖的大小。他要凭借自己对细节严格到近乎不近人情的掌控，确保二次创业的成功。

这种对自己严苛要求的特质，也能从本来生活网创始人喻华峰身上找到。

在当年南都案中，一份由《南方都市报》出具的为喻华峰作证的证明材料显示，喻华峰工作期间，做事从不遮遮掩掩，批评下属也从不吞吞吐吐，具有权威感。当年他的《南方都市报》手下这样为老板求情："从1998年至今，他很少有休息日；他每天的平均工作时间都在12小时以上；从2001年开始，他一直是背着药罐在上班。为了企业的发展，他累垮了身体。"员工集体为领导背书，这样的情况在媒体圈至今都不多见。

而喻华峰的权威并不意味着他与同事之间丧失了亲和力。"老喻（喻华峰）做过发行，对吃苦不抵触，"对自己的老板，本来生活网总裁助理杨学涛对媒体说："这群人有底层情怀、道德上的优越感。"

"他还是很有热情，在网站创办初期，老喻几乎参与了全部的前期工作，他是对问题了解最细、最深刻的一个人。"胡海卿对《博客天下》比较过在媒体工作时的喻华峰与现在的他的异同，"现在的团队里沟通也更加开放，以往喻总带年轻团队的时候，他或许会更强势一些。"胡海卿没有说这种差异是年龄还是经历使然，抑或两者皆有。

喻华峰从不主动对外人诉说自己入狱的那段经历，人们通过零星的报道知道这位当年报业最好的广告人在四年监禁中并不委靡。2008年喻华峰减刑出狱的时候，《财经》以《喻华峰减刑出狱，南都案翻过一页》为题报道称，喻大量阅读人文类书籍，学习英语，并担任《番禺监狱报》责任主编。与当年褚时健出狱后立即筹资建果园的情形类似，在获知出狱确切日期后，喻表示："现在我最渴望的是工作。"

在没有做生鲜电商前，喻华峰的团队名称是鸿基元投资，从2010年到公司成立的近两年间，他们以投资公司的身份，调研了近百家互联网公司，杨学涛的说法是"基本上互联网所涉及的所有行业"。从投资人手里拿到钱，疯狂地找互联网公司老板聊天，两年后再到选定方向自己做，这种先有投资后有项目的模式，杨学涛也觉得很奇怪，"投资人给钱可能仅仅出于对喻华峰的信任。"

本来生活网建成后，人们都知道喻华峰准备进军的是生鲜市场，但很多人都会疑惑，一个干报纸的人能不能卖好水果。

只有行内人明白，喻华峰加入的生鲜电商行业是一个高度依赖物流的行业，曾是《南方都市报》副主编的喻华峰显然对物流这一程序并不陌生，当年他主管广告经营和发行工作。

"他做的《南方都市报》发行量最高的时候达到一两百万份，这本身就是一个供应链和物流的问题。"与喻华峰共事多年的胡海卿说，"当时的《南方都市报》有上千人的发行团队，每天凌晨，发行员工都要确保报纸能准确无误地投放到订报用户的手中与报摊上，这其实就是一个物流配送的过程。现在的本来生活网的兄弟公司微特派，用到的还是喻华峰在报纸的那套经验。"

就这样，当有报纸发行经验的喻华峰敏锐地嗅到生鲜电商这片蓝海时，就迅速带人杀了进去。原是《新京报》地产记者，现在为本来生活网买手的李小多谈及自己追随喻华峰的原因时说："几乎都没怎么想，听到老喻在干这个事，就辞职跑过来了，当时觉得这事干成了特别牛逼。"

有证据显示，离开媒体行业后的喻华峰仍与他此前供职的媒体保持着密切的联系，媒体毕竟是喻华峰最熟悉的行业与领域。据媒体报道，本来生活网总裁助理、华东区总经理杨学涛说，在广州，《南方都市报》广告部有700多个人在帮他们卖橙子。

在上海、杭州、南京，杨学涛合作的报纸有很多，东方早报、新闻晨报、钱江晚报、南京晨报，都是跟他关系不错的几份报纸，"在华东站上线、褚橙销售季前后，这几家报纸每天用几个版面帮我们做报道，但同样的，真没有花钱。"杨学涛说到推广费又摊了摊手。喻华峰虽然离开了媒体业，但这个行业的许多人显然并未忘记他。

喻的创业情景又很容易让人联想起2002年褚时健创业时的一个细节。《中国企业家》记者刘建强记录了一个传闻，"政府给褚时健立了一个账户，里面存了几十万元钱，作为他看病的费用。没过多长时间，账户里的钱变成了几百万，都不知道是谁存进去的。"

在"褚橙"有了稳定销量后，对商业的敏感性依然能在褚时健的身上显现。没有接触过互联网的他，愿意放弃沃尔玛和家乐福等传统经销商，选择刚成立3个月的电商，他也希望借助互联网来试水。

本来生活网总裁助理孙红对《博客天下》解释了褚时健的疑虑："大型超市的效率太低，费用太高。用褚老的话说，超市销售有很多壁垒，手续复杂，要催促很久，才能结账。"孙红口中的电商特点打动了褚时健，他厌倦了与人打交道的条条框框，想用简单的方式处事。

但让褚时健没有想到的是，互联网的介入彻底引爆了"褚橙"的销售。胡海卿说，2012年，本来生活网与褚时健第一年合作，本来生活网预订了200吨"褚橙"，并顺利完成销售任务。为了进一步深度合作，喻华峰在2013年中旬亲自拜访了褚时健。2013年，本来生活网订了2000吨"褚橙"，并已经售罄。看得出来，喻华峰对"褚橙"的销售很有信心。

▐▐▐ 讲故事

深谙传播之道的媒体人们制造了一场舆论狂欢。

每年11月初到12月"褚橙"上市。那个时候，城市生活的中产阶层似乎无时无刻不会感受到它的存在。

出入写字楼的白领们会看见位于电梯门口的液晶显示屏反复播放褚橙的广告。胡海卿透露，这样的液晶屏在北上广等大城市有6万个，分布在大城市商业中心区的电梯旁，全天播放。

进入电梯，你还可能看见它。电梯墙壁上挂有这样一幅画，画面中穿着白色汗衫戴着眼镜的褚时健注视着自己生产的橙子，旁边配有"褚橙"的宣传口号"人生总有起落，精神终可传承"。

在北京，出租车司机或经常乘车的乘客也是最能感受"褚橙"存在的人，北京有6.6万辆出租车后排的置物篮内会摆放着一本名叫《北京漫步》的杂志。在11月份到12月份"褚橙"上市的时间段内，"褚橙"会是这本杂志的封面，在杂志的封面上，你也会看到褚时健很和蔼地捧着"褚橙"送给年轻人。据本来生活网团队调查统计，每辆出租车上的杂志至少被乘客阅读50次。

在现实世界里，你随时随地可以看到"褚橙"的推介语"人生总有起落，精神终可传承"，而在虚拟世界中，这一推介语也无处不在。

当你打开微博和微信，你会发现众多名人在讲"褚橙"和褚时健的故事。王石在微博上直言对褚时健的敬佩："衡量一个人的成功标志，不是看他登到顶峰的高度，而是看他跌到谷底后的反弹力。"这条微博被转发了近4000条，评论超过1000条。而专门为韩寒定制的"褚橙"被他秀在微博上，这条微博被阅读了443万次。

在包装褚时健故事的同时，喻华峰与他的本来生活网团队深知，如何在避免不必要麻烦的前提下最大限度地传播他们想表达的独立思想与先锋精神。

在包装"褚橙"时，本来生活网极力包装褚时健的人生励志部分。这种带有"人生励志"的心灵鸡汤掩盖了褚时健个体与体制的激烈冲突，缩小了他作为个体对这个时代的公共意义。对于回避一些敏感要素的原因，胡海卿直言："我们不是一家媒体。"

本来生活网的团队正用一种举重若轻的宣传方式激发年轻人了解褚时健与他的经历的兴趣。

延续2012年主打"励志橙"的主线，本来生活网2013年主推的宣传策划是"80后向80后致敬"。本来生活网品牌经理詹锦媛对《博客天下》解释："活动的核心概念是80后的代表人物，向80多岁的褚老致敬。"本来生活网挑选了10位80后向褚时健致敬，其中有在各自领域做出成绩的知名人物，比如体育明星赵蕊蕊、《新周刊》副主编蒋方舟、聚美优品CEO陈欧；也有一些不为人所知的创业者，如三国杀桌游的发明者黄恺。

"这些80后有的人甚至要查看搜索引擎，才知道褚时健是谁。但他们了解老人的经历后，都同意了这个活动。"胡海卿说。在这项致敬活动中，本来生活网有自己的一套选人标准。运营中心副总经理蒋政文对《博客天下》透露，本来生活网在选人时，首先考虑的是平民，而不是大众意义上的明星，并在自己领域的圈子里有较大的影响力。

"这样做可以打动每一个平凡人，在很多年轻人看来，褚时健就是一个很平实的老爷爷形象。"另一个选择标准就是寻找那些遭遇挫折或正面临事业转型的人。"褚老那么大的年龄还能够东山再起，年轻人有什么难？"蒋政文反问道。

吴东就是他们要找的人选之一，他微博的名字是"花总丢了金箍棒"，他是一位网络红人。在网络上，他被人们亲切地称为"花总"，此前他用犀利的语言写成的"装腔指南"调侃上流社会的举止言谈系列被广泛转发，他质疑"世界奢侈品协会"是"山寨公司"，并在网上发起"鉴表"潮流。

2013年9月17日，朝阳区警方以涉嫌敲诈勒索拘传了花总，此后，他办理了取保候审手续。

本来生活网品牌经理詹锦媛解释挑选花总作为致敬候选人的原因。"他具有一定的影响力，又在人生的某个时段遭遇到了某种挫折，正好印证了'人生总有起落'这句'褚橙'推介语。"

本来生活网在为"花总"写的致敬候选人推介语中也介绍了这位80后年轻人与褚时健的关联性："86岁的褚时健，一生角色多变，农民、革命者、右派、厂长、囚徒。35岁的花总，在多种身份中游走，白领、乡村代课教师、创业者、蜘蛛人、专栏作者。阅历是两代人一脉相承的财富。"

韩寒也出现在本来生活网2013年的特别致敬人物中，这位80后最著名的意见领袖从未逃离过风暴的漩涡。"不畏人言，坚持做自己，这种精神在两代人之间一脉相承。"是本来生活网为韩寒写的推介语。

作为创业公司，本来生活网极少用硬广与请明星代言的方式作为推广手段。媒体出身的推广者们把心思花在了社会化营销上，这是他们擅长的领域。他们定制了许多写有个性化标语的水果包装盒，并把装有"褚橙"的这些水果包装盒作为礼物，送给网络大V们。

在微博上，不断有名人秀出本来生活网送给他们的"褚橙"包装盒，并很快得到粉丝们的互动。《甄嬛传》作者流潋紫秀出本来生活网送给她的个性化标语"微橙给小主请安"。她的粉丝立刻在照片下留言"小主吃好！"。

互联网上，韩寒、《新周刊》副主编蒋方舟等名人都秀出过这些带着个性化标语的"褚橙"包装盒的经历。胡海卿笑称，这种幽默式的营销方式很"生鲜（生动新鲜），也很省钱。"

瞬间，"褚橙"成了继可口可乐后又一大众产品的定制模范。轻松幽默的"精准"个性化包装，给"褚橙"带来人气热捧，也给本来生活网带来更多关注，在名人留言里表示立刻想下单的粉丝不在少数。

▌ 跟随者

褚喻两人的合作产生了良好的溢出效应，本来生活网的"权势"越来越大，大佬纷纷求助于本来生活。

在众多的农副产品中，柳传志的猕猴桃成了本来生活网第二个明星产品。柳传志是中国IT制造领域的传奇人物。69岁的他从联想一线退休后仍出任公司董事长。

与褚时健相同，同喻华峰合作前，柳传志做了充足的准备，这也使得他与本来生活网的合作成为可能。联想于2012年8月成立佳沃集团，佳沃集团旗下的四川中新农业科技有限公司是中国有名的猕猴桃种植基地，被联想佳沃收购前，这里的猕猴桃已经被本来生活网的买手看中。在联想内部，"褚橙"一炮走红的案例被佳沃集团内部反复研究，在考虑过自身做电商的局限后，联想希望找到本来生活网进行合作。

本来生活网不排斥与联想的合作。除了可以售卖优质的产品，本来生活网希望通过联想国外基地进行品牌推广。

"第一次聊的时候，双方就已经达成了战略合作伙伴关系。"胡海卿说。当听说佳沃猕猴桃要在11月份推出时，胡海卿很快想到了"褚橙柳桃"的组合装。

"两位老人都是晚年，都说过要致力于农业。这本身就是一个新闻点。"胡海卿用媒体人的思维很快找到了组合的合理性，"如果组合产品推出，给我的第一个画面感是一次伟大的握手，这次伟大的握手标志着中国农业有了新的领军人物。两位老人惺惺相惜的结合，这份礼盒注定会成为2013年最具分量的一份礼盒。"

本来生活网将"褚橙柳桃"组合在一起的想法告知了褚时健和柳传志，"褚时健觉得有趣，回了一句'挺好的'"，胡海卿说。

但将一拍即合的想法付诸实践并不容易，看似简单的合作受到了阻碍。联想公关团队认为命名柳桃就相当于柳传志代言了产品。因为联想投资了很多公司，单独代言"柳桃"，会给人感觉厚此薄彼。公关团队的担心使两者合作的前景蒙上了一层阴影。

事情总要解决。"后来，我们联系了柳总，他亲自拍板了此事。"胡海卿说。他至今清晰记得柳传志拍板解决问题的爽快。这位中国企业灵魂人物在随后的采访中说，能把自己的名字放在褚时健的后面，十分荣幸。

而15天后，这句话又被地产大佬潘石屹加以演绎，"如果能在'褚橙柳桃'背后，那也是我的荣幸。"

11月初的一天晚上，在SOHO中国董事长潘石屹的办公室里，这位地产大佬当着天水市市长、副市长、花牛集团副总经理的面，给胡海卿打免提电话，这位地产大佬对胡海卿说："听说你们水果卖得好，家乡的领导都来了，能不能帮我们卖卖苹果。"

天水是带有中国国家地理标识的苹果产地，2012年，天水苹果的产量是130多万吨，但有80多万吨卖不掉。地方领导集体推销本土特产的情况并不多见，这次他们集体上京希望借助潘石屹的名气与喻华峰的本来生活网建立联系，并销售潘石屹家乡天水出产的苹果。

当晚，在潘石屹办公室里，所有人都在等待免提电话那头胡海卿的回复。

"那就水果连连看吧，'褚橙、柳桃、潘苹果'。"胡海卿顺势开了个玩笑，此前胡海卿也注意到了天水苹果滞销的情况。

"如果市长同意，我愿意做天水水果的公益代言。"当潘石屹说完这句话时，潘、胡两人都已经明白，合作已经敲定。

公益代言并不是潘石屹的玩笑。11月27日，潘石屹在SOHO召开发布会，宣布公益代言，并在银河SOHO开设实体店。让媒体人胡海卿感到惊讶的是潘石屹的宣传力度，他甚至邀请了美国驻华大使骆家辉和体坛巨星林丹为他的潘苹果站台。

本来生活网的互联网营销模式甚至引起了地方生鲜批发商的关注。12月6日，记者在本来生活网办公室的门口碰到了长春市生鲜批发商武伟世，他赶周末的火车专门在周一一大早赶来，希望加盟本来生活网，开设长春分站。在长春深耕多年的他希望借助本来生活网的网络平台打开长春市未被挖掘的电商市场。初次来到位于北京北四环的本来生活网办公室，门口堆满印有娃娃菜和胡萝卜标签的纸箱子提醒着人们这不仅仅是卖褚橙的地方，有更多的农产品在这里等待被用户挑走。

本来生活网的迅速成名，甚至给买手的家庭生活带来了影响。发掘了"褚橙"的买手李小多笑言，当他从知名媒体的记者岗位离开时，他的丈母娘无法理解他为什么要去"卖水果蔬菜"。因为本来生活网的成功，他被央视专访。卖水果卖到央视，丈母娘逐渐理解他的决定。

本来生活网的成功注定会成为经典案例被人们反复研究。但就像本来生活的副总经理唐宋所道出的那样："卖产品终究卖的是内涵，如果没有褚老用生命种橙子的精神，我们所有的一切都是空的。"

（2014.1.5）

第八章

章

董明珠：求变之年

　　董明珠在2014年一系列"出格"的表现，不全然是意气用事，而是阻击、试探与改变。

本刊记者／李原

　　2012年，董明珠提出格力未来5年内要年均增长200亿元。完成这个艰难的目标既要依靠规模增长，也要对外寻求合作。

从2014年下半年开始，董明珠一直处于舆论的风暴口。

2014年9月，格力打破行规，让利百亿元，启动空调价格战，引起行业震动。2014年12月，小米宣布12亿元入股美的，董明珠把这次结盟尖刻地评价为"两个骗子联合，是小偷集团"，作为一位上市公司董事长，这样的言论令人咋舌，舆论哗然。

2014年12月底，格力曝出一份董明珠给经销商的内部讲话，除了炮轰雷军外，董把国内主流空调厂商逐一点评："美的空调一晚一度电是虚假宣传；海尔伪造国家政府机关媒体；海信科龙已经垮了；志高的总裁是格力当年不要的人才，没有出息。"并表示格力要用价格战"清场"，"把烂品牌、假冒伪劣、偷工减料的品牌全部消灭掉"。这些刺激的点评引起对手的剧烈反弹，苏宁联合6家企业在网上发布规格统一的战书，掀起"破格行动"——能让彼此有竞争关系的对手联合起来共同对付一家企业，在中国商战中也堪称空前。

十几年来，董明珠因其强悍作风常常登上头条：为了经销商与黄光裕、张近东交恶；把广州财政局告上法庭；跟李克强总理直谏，要求不需政策扶持，只要公平，它们多数时候只让人对董倍增敬畏。而2014年董明珠的四处出击，却已不是彪悍或"任性"所能解释，更被业内人士看做格力面对互联网时代和家电竞争白热化的焦虑表现。

在公开表态中，董明珠对这样的评价不以为然，"我焦虑什么？企业有病才会死人，被攻击是死不了的。"但如果拆解董明珠的内部讲话信息，结合2014年格力已经无形中开始调整的战略布局，董明珠的内心想必不如她言论中那样自信淡定。

或许过段时间，回溯2014年格力的表现会发现，不论对董明珠，还是对格力，这都是在商战中关键的求变之年。

⫼ 制造与创造之争

2013年12月，在央视年度经济人物的颁奖典礼上，董明珠与雷军有一次著名的打赌。董明珠放言，如果5年后小米的销售额能超过格力，愿赔雷军10亿元。董明珠与雷军的身份如此具有标志意义，不仅是不同代际的企业家之间的较量，这次打赌也被看做是传统制造业和互联网新贵的较量，引发的关注和讨论持续至今。

在家电企业中，格力多年一直以深厚的技术实力和品质基因见长。董明珠一直最引以为豪的是格力的"核心技术自主研发"和领先于对手的专利数量。格力对研发投入原则上不设上限，仅2014年，格力的研发投入就超过了40亿元。

然而进入到互联网时代，格力确实迟到了。家电圈中，格力拥有超过3万家线下门店，可以说是把传统渠道运作得最好，也是对传统渠道依赖程度最高的企业。董明珠强大的领导执行力为格力打造了渠道优势，也在电商兴起、家电企业全面触网的背景下，对格力的发展形成了反制。

直到2014年，格力才在"双十一"期间开设了天猫旗舰店，活动销售总额达到1.325亿元，在空调类目排名第一。但董明珠并没过分放大这次胜利，她对此的官方表态是：做线上电商需要庞大的仓储和物流配置，算下来未必比线下的经销商便宜。格力未来更倾向于在小区设置服务点，即买即送。

这些解释背后，固然是为了给渠道经销商稳定军心；另一面，董明珠个人也一直不是互联网的铁杆热衷者。她在接受采访时说，小米只是个做手机的，雷军就是个投资商人，格力可以分分钟做出小米手机。虽然这些言论不无道理，但过分聚焦于提升品质、专注于空调产品的一元化领先优势、实用主义、重视利润的思想，也让格力错过了向互联网拓展更多领地的时机。

格力犹豫之间，对手已经大踏步地追赶上来。美的于2008年率先触网，在2014年5月建立了网上商城，同时大力发展全资子公司安得物流。海尔集团则是向互联网转型态度最坚决的家电企业，计划将青岛海尔和海尔电器分别打造为家电制造平台和商贸平台，同时接受了阿里巴巴的22亿元投资。这些竞争对手的动作虽然前景如何不得而知，但各自都做足了姿态。

除了触及电商，海尔、美的、海信，甚至长虹、TCL等企业都纷纷明确表态加入智能化家电的转型阵营。而董明珠对智能化始终意兴阑珊。"把家电在手机上安个开关就是智能化吗？那实在太简单了。"这些表态又进一步加深了业界对格力传统、保守的印象。

价格战：大跃进还是阻击战？

2012年5月，与董明珠搭档多年的格力电器董事长朱江洪退休，董升任董事长兼总裁。朱江洪风格怀柔、低调谦和、注重技术、富有远见、远离公众视线，又能给予董明珠充分的信任和支持。朱与董的搭配曾被业界看做完美。

董明珠则风格强势、性格好战、道德洁癖，对下属要求极为严格。在公司里，董明珠的名言是："我从没犯过错误。"而据说，朱江洪退休前，希望给董明珠的话是："我希望她偶尔听听别人的意见。"董明珠多年坚持自主研发、自主生产，绝不受制于人，同时也缺少企业间的联合发展。据说，与格力同城的美的总裁方洪波多次希望与董明珠建立私人联系，董一直拒绝。

朱江洪退休的2012年，格力成为中国首家超过千亿的家电上市公司，在格力内部，董明珠拥有绝对的权威。上任伊始，董就给自己定下一个艰难而宏大的目标：格力电器五年内要年均增长200亿元，用五年时间再造一个格力！

2013年，格力顺利完成预定目标。2014年，可以说格力面临了来自竞争对手的实在威胁。

2013年的财报数据显示，格力电器的空调营业收入是1054亿，美的集团的空调收入为621亿，格力领先美的433亿。但2014年的半年报显示，格力的空调销售为507亿，美的空调销售为417亿，两者半年差距已经缩小到90亿。

而且，美的也在展示出多元化战略调整后的规模效益。

2014年三季报显示，美的集团实现营业收入1091亿元，除净利润绝对值外，营收绝对值、营收增长率、利润增长率三项指标均超越格力电器。

为保持增长速度、清理库存、实现产品更新换代，承诺不打价格战的格力在2014年9月开始降价促销，又在全国推出"定频换变频立减1000元"的以旧换新活动。格力的动作让国内几乎所有主流品牌空调厂商被动应战，一齐指责格力破坏规则。然而，对格力来说，为阻击美的，也为把其他中小厂商"清场"，扩大市场份额，价格战是最快、最有效的方法。

2014年格力的1400亿目标完成得跌跌撞撞，2015年的1600亿将让董明珠更加骑虎难下。有人指责董明珠陷入了对规模好大喜功的追求，在搞"大跃进"。但以董强烈的个性，让她降低目标预期很难，唯一的选择是进一步摊薄利润。

在内部讲话中，董明珠表达了价格战将会继续的观点，为保障经销商的利益，格力也将从利润中对他们予以补偿。

某种程度上，对于美的和小米联合后董明珠发表的过激言论，原因也来源于此。格力的未来，持续依靠规模化增长越发艰难，而美的有了小米的加入，可能将形成更强的市场增速和想象空间，这确实让董明珠感到威胁，必须还击。

雷军聪明地从董明珠的言辞中读出了不安，把董的"小偷集团"解读为"董总是不是认输了？"董明珠则"愤怒"地表示："这跟我认输有什么关系？"

▏ 企业的代际融合

华南理工大学工商管理学院教授、新希望六和联席董事长兼CEO陈春花对董明珠和雷军"赌局"的评价是：互联网思维意味着需要关注三个关键词："用户至上"、"免费"、"整合与融合"。跨界实际上就是融合，你不跟谁在一起一定是错的，你跟谁在一起一定是对的，互联网就是互通互联，必须融合，然后整合，所有能够跨界融合成功的，在商业模式上都会成功。如果我是董明珠，就与小米合作，做一个"小米格力"。

可以说在工业时代，格力是典型的重资产、产业链垂直整合的胜利者。格力在上游完成了对压缩机、电机、漆包线、电容等核心部件的制造，中游涉足空调设计、组装制造，在下游自建强大的销售渠道。

这样的商业模式，确保了格力在核心部件方面不受国外供应商的战略制约和技术封锁，也最大程度确保了企业的自主性和品牌创造力，同时实现了成本最小化、利润最大化的目标。

进入信息时代，小米是典型的轻资产、全球化布局、专业分工的范本。

在全球布局供应链，与全球最好的芯片生产商、制造商合作，立足于开源手机操作系统优化，联合各领域商家，建立起智能生态圈层。

这种合作运营模式，一度为董明珠这样铁桥硬马的企业家所轻视。比如小米最近因为专利不足和涉嫌抄袭的问题，国际化脚步受阻。

但对于传统制造业来说，除了互相诋毁，是否还有第三条路可选择。如海尔首席执行官张瑞敏所说，如何可以实现双方互补，打造开放型制造平台，让传统制造业的"重资产"长期存在，结合互联网模式的流程优化，或许将是未来的大势所趋。

这个过程将是艰辛、痛苦的，但很可能也是中国制造与中国创造两种重型和轻型企业都要去探索的必经之路。

⫸ 格力之变

格力经历了2014年有些戏剧化的跌宕，对董明珠来说，在辩论和争执中，新的篇章也已经开始打开。有数据显示，2015年空调行业竞争将进入最焦灼的一年。库存积压、二线品牌回款困难，许多品牌可能将在这场较量中退出战场。对占据领先优势的格力来说，延续自己的辉煌并不容易，能否如愿"清场"，对董明珠来说也将是关键考验。

不过，在2014年董明珠表面的"口不择言"背后，对互联网的进入，格力已不再是铁板一块。董明珠曾高傲地把互联网称作一个变迁工具，现在，董明珠已经开始正视互联网的力量，她肯定地表示："互联网时代彻底改变了我们。"从2014年12月1日开始，格力宣布开启线上线下同步销售，人们认为，这标志着格力开始积极推动专卖店的O2O进程。

实际上，董明珠对于互联网模式的思考，可能远比公众认为的要早，只是宣传的音量不够强大。通过手机向空调远程发出指令，2011年格力的"e炫"系列物联网空调就已经实现。2013年，格力电器成立了信息化委员会，董明珠亲自担任主任。对于"大数据"的应用，她的态度也相当积极。她说："传统企业，关键是要想清楚怎么做。"

2015年年初，格力传出在与魅族接洽，可能涉及10亿元的合作；360总裁周鸿祎又在微博上高调晒出在格力总部与董明珠的交流照片。虽然这些消息的商业意涵有待澄清，各方也没有拿出明确的方案，但这些频繁动作，被业界解读为格力正在寻找合适的互联网合作伙伴。

家电企业能否与互联网企业协同发展，除了产品结构的互补，很大程度上也取决于双方是否可以在平台开放、主导权归属上达成共识。美的可以为了接纳小米，放开一个董事会席位，董明珠是否有这样的气魄，还需要时间考察。

另外一个决定性的变化是，格力一直以来坚持以空调产品为核心的产品发展理念，业界都在观望格力何时会把多元化发展提上日程。

2015年，董明珠真正下定了决心，她开始亲自为旗下的晶弘冰箱、大松小家电站台，也让人们对格力未来将在多元化战略下如何发展抱有期待。

格力的所有主要对手现在都已经或者把智能家居当做未来的主要研发方向，或者已经开始用智能家居概念擦亮品牌，只有格力还以业态尚未成熟为由置身事外。董明珠现在终于决定加入这个战局，她明确表态：对智能家居，格力已经有了自己的构想，格力将在未来一年时间里奉献出令人惊喜的产品。

"在手机上给家电接入一个远程开关就是智能化吗？格力早就做到了。比如未来格力能在珠海就监测到用户家电的性能故障，这才是有价值的创新。"

一如既往地，董明珠对对手充满不屑，士气高昂。这位60岁坚强如战车一样的女性对胜利始终抱有坚定的信心："我们的目标是一定要实现的，我相信肯定能实现"。

（2015.1.25）

第九

章

冯仑艰难攀爬自由塔

这位喜欢说段子的中国商人艰难攀爬这栋世界上最复杂而且最具挑战性的房地产项目——世贸1号楼。

本刊记者/汪再兴　实习生/罗芊

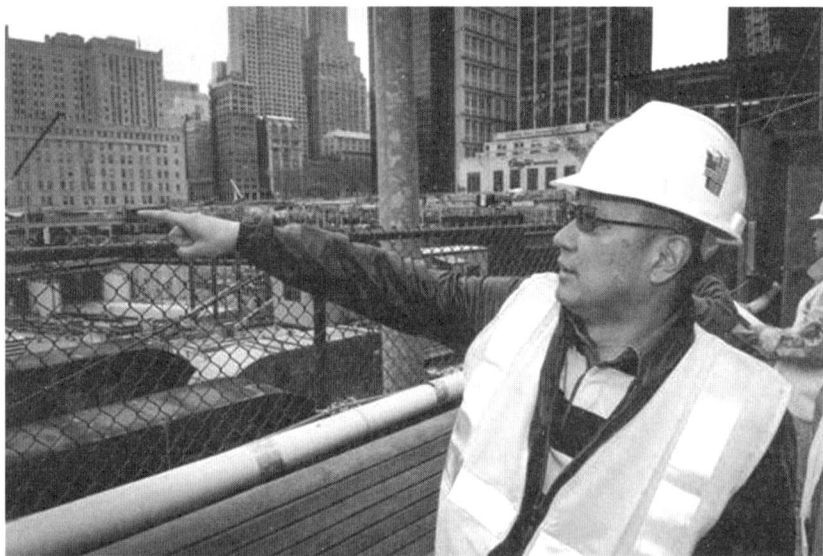

2009年，冯仑一行人参观世贸中心1号楼建设现场。

"就像你千辛万苦拥有了一段轰轰烈烈的爱情，好不容易迎来了一个盛大的婚宴，却在最后洞房花烛夜的时候，累得不想做爱只想睡觉。"冯仑这样形容他历经7年才签下世界上最具挑战性的房地产项目——世贸中心1号楼租约的心情，他将在这里打造一个代表"商业中国"形象的高级会所式"中国中心"。现在这栋西半球最高的摩天大楼已经迎来第一批租户，而冯仑仍在为"中国中心"装修细节继续奔波，"忒累了"。

美国时间2014年11月3日，康泰纳仕集团约175名主管鱼贯走入位于纽约维西大街的世贸中心1号楼。这座因"9·11"恐怖袭击被毁后重新建造的纽约世界贸易中心1号大楼在历经13年的漫长争吵和建设后重新开张。

这也让本作为世贸中心1号楼最早租户的冯仑错失了成为首位入驻1号楼租户的荣誉。《博客天下》记者美国时间11月8日上午来到世贸1号楼了解到，康泰纳仕集团的财务和法务人员成为世贸1号楼最先入驻的租客，而"中国中心"需要明年底才正式开业。

当许多记者还在苦于如何突破层层安保一探世贸中心1号楼的内幕时，早在1个月前，冯仑已经将世贸中心1号楼的65层到69层整整5层办公室走了个遍。

冯仑要将这5层楼打造成中国官员及富商与美国人交流的商务中心，专门接待来纽约市区的中资企业以及来自中国的官员，此前已经有不少政商界名人都慕名前来给冯仑捧场，马蔚华、王石、朱新礼、陈东升等人都曾前来参观，一些政府官员包括前国务院副总理曾培炎也亲临现场予以支持。"王中军还说他会送我几条汉白玉的条石来装修中国中心。"冯仑高兴地对《博客天下》说。

冯仑给这个会所性质的中心取了一个宏伟的名字，"中国中心"，这是一个有帝国强盛寓意的名字。为了在这座代表着自由意志的大楼上建立"中国中心"，冯仑经历了唯利是图的美国商人的单方面毁约、中国政府踢皮球般繁杂的批复程序、外国媒体的蓄意揣测等诸多困境。

冯仑将建造"中国中心"视作"人生极限"。在他印象中，自己飞纽约至少60次，开了不下1200小时的视频会议，签署的文件堆起来比身高还高，其中有一年身体持续发烧160多天也不敢懈怠。

为了打造"中国中心"，这位喜欢将商业和政治观点巧妙融于男女关系段子里的地产大鳄，一面用多年从事地产行业积累下的高超谈判技巧打通美国商界和媒体给他设置的关卡，一面又熟练运用十几年体制内生涯习得的圆融，试图在中国政治场域里争取一些便利。

在7年漫长而焦灼的谈判过程中，相对于难缠又精明的美国商人和美国媒体，一心要把中国人的生意做到世贸中心1号楼的冯仑更面临着自己人的阻拦。冯仑说："最难的当然是我们自己这方面，在体制管理上的一些障碍"。

11年过去，在世贸1号楼首家租户进驻当天，55岁的冯仑接受了《博客天下》记者采访，他回顾自己艰难攀爬这栋高度为1776英尺（约541米，这一数字代表着《美国独立宣言》签署的年份）美国地标式建筑的过程。此时，他的脑海里不由得蹦出来一句话："只要你能扛住，人的毅力真没边"。

║ 狡猾的拉里

许多年前，冯仑对中国电影导演冯小刚说，自己想拍一个电影叫《自由塔》，用以讲述人们如何通过一系列的艰难过程才攀登到自由的巅峰。当时他并不知道，自己会成为第一个登上"自由塔"的中国商人（世贸1号楼原称为"自由塔"）。

"9·11"恐怖袭击发生当天，冯仑在西安正准备和王石、宁高宁、周庆志等中国企业家开车去西部旅行。当晚，他接到了好朋友胡葆森从台湾打来的电话：出事了。冯仑他们立刻打开电视机，看到世贸大楼被狠狠撞击的画面，集体沉默。

"9·11"发生后半年，世贸中心重建方案出来了，一个极有想象力的设计，远看是展开了裙摆的自由女神，标志着美国自由精神不垮。第一次知道这个设计，是冯仑在北大上课时听美国哥伦比亚大学一个教授说的，当时他就有一种冲动，想参与这个地球上最具挑战性的房地产重建项目。

冯仑说，打造"中国中心"是他对房地产企业的一个梦想，不是为了海外布局。在中国房地产界，他以"地产思想家"闻名，相对于冷冰冰的财报盈利数字，冯仑说自己"更喜欢干一些有情怀的事情，最后顺便把钱给赚了"。

第二年去美国哥伦比亚大学读书时，冯仑找到了纽约合作组织，开始了漫长的谈判。几经周折，冯仑找到了掌握世贸中心经营权的犹太商人拉里·西尔维斯坦（Larry Silverstein）。

曾经有一位美国商人把冯仑带到洛克菲勒中心附近，指着旁边一栋几千平方米小楼对他说："要不你把这里变成中国中心"，冯仑望着这座曾经被人簇拥观摩的英国中心所在地，很坚定地say no（说不），丝毫没有掩饰自己"一开始就是奔着1号楼去的"。

接受《博客天下》采访时，冯仑的"中国中心"版图离不开现代、开放、包容、自信这几个词，他情绪激动甚至有些咳嗽，"位置和空间高度，我都希望在标志性建筑里面"。

但由于清理工程浩大繁重，彼时冯仑心中最理想的"中国中心"所在地——世贸中心1号楼还只是一片废墟。这项清理工程几乎是不分昼夜地进行，共耗资8亿美元，历时8个多月，共清理出16亿吨的大厦碎片。

残骸被清理掉后，围绕世贸中心1号楼重建工作的"斗争"就开始了。25个政府办事处在预算、设计、安保甚至是建筑物的起名上，互不妥协，以致重建项目一拖再拖。

僵持的局面压低了租金的价格，2003年下半年，冯仑来到纽约世贸中心。在世贸大厦废墟现场，拥有新世贸中心99年经营权的犹太商人拉里告诉冯仑："往上360°看，你看到的天空都是我的。"事后冯仑说，这句话触动了他的征服欲。

拉里打量着眼前这位跨越太平洋来与他合作的中国商人，爽快地开出了一个不错的价位。冯仑一口气答应租下7号楼两万多平方米，一跃成了拉里最大的租户，"就这样把市场价格给抬起来了"。

"为什么当时签约的是7号楼而不是1号楼？"冯仑告诉《博客天下》，当时有传言1号楼被赋予了太多意义，重建的可能性不太大，他给自己支了个招"要不先在7号楼待着？将来等1号楼定了再转过去"。

当所有人都以为签约7号楼已经是"板上钉钉"的事情时，美国商人拉里又反悔了。

突生的变故始于2006年1月，世贸中心的市场预期租价开始上升，到6月底租价大概上升了23%。这一方面证明了冯仑的决策是正确的，但也增加了谈判中拉里提高租价的砝码。

让冯仑措手不及的是，2006年，商人拉里提出了两个关键要求：一是万通地产要在10天内开具出4500万美元的信用证，第二是港务局将对合同进行审批，这个时间需要60到90天。

信用证需要在中国的银行开具，再由汇丰银行作为转让行，最终送达业主手中，10天之内几乎不可能完成。

这时候，冯仑脑海里有了不祥的预感。

冯仑回忆起当初与拉里见面时，拉里曾经诡异地提出过一个问题："你告诉我，你们怎么批？你是民营企业，为什么还要批呢？"他回答说："中国境外投资全要批。"拉里让他画个审批的路线图出来。冯仑画了半天，最后都没敢给他，"因为太复杂了，光是画个简单的，都十几道程序，怕他弄不懂"。

精明的犹太人拉里，根本不用去弄懂中国复杂的审批程序在商业和政治上有何玄机，他只需要从中发现问题就可以了。而拉里发现的恰恰是冯仑的软肋——中国政府对民营企业海外投资超长的审核周期。

20天之后，经过中国6道以上程序批准的信用证终于紧急提交给美方。拉里却认为万通地产公司"错报财务资源"，已经超过了约定时间，单方面提出了中止合同的要求。

事后，冯仑在自己所著的《冯仑：投标世贸重建七年记》一文中写道，如果有人认为，在信用证和担保上扯皮很没有意思，那就是太不了解何为生意了。针对审批内容以及审批时间的严格只是表象，在这个牵强的否决理由背后，必然有更为深层的原因。

冯仑说，后来复盘整个商业谈判过程后发现，他们忽略了一个极其重要的市场动态因素——房地产市场价格的上涨。

据冯仑讲述，当时纽约市长及很多人都给拉里打电话，包括拉里私下的朋友，都帮冯仑说话，因为这对两国的贸易有很大好处。但拉里对市长不仅不理，而且根本就不待见，最后干脆一甩手上了游艇，出去玩了。原因很简单，这7天内房价又涨。

▓ 体制内外

"为什么会比约定时间晚10天？"冯仑告诉《博客天下》，中国民营企业去海外投资都需要政府审批，要经过7个部门。可是在纽约，拉里要做这件事，不需要任何人批。中美商人做生意遇到的不同境遇让他心里"有些委屈"。

一向敢言的冯仑在他所著的《野蛮生长》一书中写到，中国是系统低效，个人高效。该批的不批，不该批的瞎批，你个人必须勤奋晚上跑领导家才能搞定。这位中国的地产商人爱讲段子，尤其喜欢用男女关系来阐述他对民营企业和政府关系的思考。类似"企业要做夜总会的处女"这种著名的段子就是出自冯仑之口。

冯仑深谙体制之道得益于他根正苗红的经历。15岁入团，20岁入党，22岁进中央党校，之后在政府机关工作近10年。

1991年，踩着邓小平的经济改革浪潮的潮头，这位年轻的共产党员与潘石屹、王功权、刘军、王启富、易小迪5个朋友一起冒险涉足房地产，组建了万通地产，后来人们把他们称为"万通六君子"。

他向《博客天下》坦言，自己过去在机关里的一些工作经验和阅历，对他处理与政府关系时是有帮助的。"转型时期的制度和决策都具有很多不确定性，只有了解到大家在体制内体制外不同的游戏规则，才能很好地沟通。"冯仑靠着这一套沟通技巧竭尽所能地"促成一些很困难的事情"。

尽管冯仑熟悉沟通之道，但2006年的他仍深陷这种奇怪体制给自己带来的困扰。

他深刻对比建造"中国中心"，自己在中美所遭遇的不同境况。"每次飞来美国，事情都很简单。见见公司的会计师和律师，听听他们的意见，他们会提出各种可能性，你选择其中的一种可能性，事儿就办完了，简单明了。"冯仑说。

"中国企业对外投资，内部审计之复杂，以及规定互相之否定，很纠结"。冯仑告诉《博客天下》，第一个困难就是审批时间周期长，"我们公司是在怀柔注册的，要到纽约投资，得先给怀柔发改委立案审批才行，那你说怀柔人民要弄懂我们在纽约为啥要投资，需要一个理解过程。"

除去长时间等待批复，冯仑还经常需要在两个部门之间来回"折腾"。为了拿到美方要求的信用证，冯仑面对的是两个国有银行，"两个银行都是部级单位，他们都坐不到一块儿。因为按官场的游戏规则，究竟是你到他那儿，他到你那儿，都大有讲究，大家都觉得自己是部级干部，谁都不肯屈驾"。

"所以说这是一种奇奇怪怪的体制"，冯仑又对《博客天下》重复了一遍。

这只是一桩生意

2008年，突如其来的一场金融危机解救了冯仑。

之前表现得并不缺钱的拉里，也选择了以套现方式草草离场。这一次，冯仑和他的团队早早地取得了信用证，提前一周到达纽约。为了万无一失，谈判前还放了一笔现金在纽约。

2009年3月26日，冯仑至今难忘，正式签约那天美国东部地区普降暴雨。七年过去，"中国中心"终于进驻世界人民心中的"自由塔"，他这样描述当时自己的心情：像射透阴霾天气的一丝阳光，让人感受到冬雪初融的温暖和生机。

万通顺利成为1号楼的"头号租户"，租用面积为190810平方英尺，从建筑竣工（2013年下半年）开始计算，租期共计20年零9个月。

此前，因为世贸1号楼的特殊意义，美方提出了一个要求：该中心出于安全考虑，应该限制进入的人数。

这打乱了冯仑一开始对中国中心的设想。最初，冯仑希望将"中国中心"打造成一个供人参观的游客中心，"去美国游玩，首选纽约。去纽约，一定会去世贸纪念遗址和新世贸中心。"限制人数这一要求让他借助餐饮和住宿"赚外快"的设想彻底破灭。他给自己算了一笔账：相当于每年损失500万美元的收入。

冯仑决定转型，将自己的客户变为"主流双向高端人群"，以"会员制"凝聚客户。他希望，"中国中心"作为一个高级会所能够给来美国寻找资本和技术合作的中国商人和官员服务。

现在位于66层的"中国中心"私人俱乐部，冯仑旨在打造"在亚洲以外最高境界、最高水准的中式餐饮"。他打趣地说自己不玩"剧透"，但还是忍不住对《博客天下》说了一些餐饮细节。

因为世贸1号楼做中餐对安全的要求非常高，设计师专门为这一层的厨房留了一个通道，包括每一口锅的位置、灶台的口径，火焰高度都有严格限制。"中国人这搭大勺我觉得够呛"，为了达到国际标准，他特地请来了新加坡同乐集团及名厨李国纬帮忙。

　　"中国中心"更够为中国人提供怎样的服务？冯仑毫不迟疑地回答："能够提供一个符合规定的很好的服务"。他透露，顾客需要的服务可以提前预订，一些特殊身份的人会有安全上的要求。"在硬件和软件都会考虑到"，他还补充，"一些政府部门也对一些技术上的问题提供了支持"。

　　有媒体质疑冯仑，说他在一座悲情建筑里开一个"名利场"不太妥当。但在他看来，1号楼是一个特别的商务和文化空间。"我们从生意上来说，只要有人需要这样的空间，我们就去发展、运作、管理"。

　　在漫长的谈判过程中，更有外媒将"中国中心"进驻1号楼解读为"五星红旗插在了纽约上空"，多年来往与中美生意场上的冯仑对这种说法付之一笑，这位爱说段子的商人的回应是，"中国中心"是"中美共同对抗恐怖主义的象征"，是"中国经贸桥梁窗口"。

　　站在"中国中心"，最容易看到的就是自由女神和帝国大厦。冯仑经常凝视着这两个"特别纽约的东西"，想到过往的历史，想到整个美国曲折发展的过程。"作为一个中国人，站在这样一个地方，我总想到中国和世界的一些联系"。

　　有趣的是，在一次聚会上，纽约一位副市长调侃冯仑，说在纽约过去两百年历史上，哪个国家在这里建立中心，未来哪个国家就强大了。很巧的是，继英国中心、美国洛克菲勒中心、日本中心后，纽约迎来了"中国中心"。

　　这位早年就与体制和权力做过自由主义诀别的民营商人以半开玩笑的态度回答，"这只是一桩生意，希望你们预言成真。"

（2014.11.15）

第十

章

俞永福：我要说了算

俞永福总结UC的生存法则：做一家有主人、有灵魂的伟大公司，主人有且只有一个。

本刊记者／高诗朦

2014年6月11日早上9点刚过，俞永福发布了一条微博："一个重要的决定，合聚变！"

UC官方新闻稿宣布了这条消息："阿里巴巴集团与UC优视联合宣布，UC优视全资融入阿里巴巴集团，并组建阿里UC移动事业群。UC优视董事长兼CEO俞永福将担任UC移动事业群总裁，进入阿里集团最高决策团队——阿里集团战略决策委员会。"UC发布的新闻稿里称这次整合将改变互联网格局。

此时，阿里巴巴CEO陆兆禧出现在UC北京办公室，和俞永福一起向全体员工宣布了这一条消息。此前，坚称"不卖"的他将这次并购称为"整合"。"到今天为止，我依然不认为UC被并购了，如果UC被并购了，我拿完钱就走人了，我认为这是一次整合。"俞永福告诉《博客天下》。

此前，俞永福称UC要做行业里"变量"。不可否认的是，在多年与BAT（百度、阿里巴巴和腾讯）缠斗的经历中，UC确实成为了互联网行业中的"变量"，UC成为移动互联网最重要的流量入口，它拥有超过5亿的全球用户，其中1亿来自Android平台，1亿在海外，经过几年的沉淀，UC已经从流量入口逐渐演变成集游戏、信息服务等在内的综合服务平台。百度、阿里巴巴和腾讯都对UC动过心思。俞永福没有拒绝与巨头们的接触，并开始左右衡量他们提出的条件。有行业分析师评论，阿里巴巴提出可观的条件收购UC，最重要的原因是不让百度收购UC，从而让阿里巴巴在BAT的竞争中增加砝码。

另一方面，这位试图掐住移动互联网咽喉的掌门人也在考虑，UC如何在巨头兼并下生存下去，该和谁联姻。一个月前，俞永福仍然沉浸在与百度移动浏览器的争斗情绪中。当时，UC旗下的神马搜索刚刚发布，百度将神马搜索列为未知搜索网站，在百度页面上全部下架。其时，俞永福在网络上说："五一期间认真做了反思，为什么百度发布手机浏览器，UC很淡定，UC发布神马移动搜索，百度很疯狂？"

在巨头合纵连横的时代，中型公司的掌舵者显然要比初创企业的创业者忌惮更多，他们既害怕巨头收购后，失去控制权，又害怕错过输血机会，导致企业丧失继续做变量的可能。在这一点上，有着投资背景的俞永福显然有着自己的思考。他告诉《博客天下》他的原则是，"品牌以我为主，打法以我为主。"

他觉得自己的这一决定对得起UC内部的2500名员工，也让UC拥有更好的未来。这次整合交易以股票为主、现金为辅，UC团队和员工总共有1230万股限制性股票，这占阿里股票总数的0.5%。据悉，这次交易对UC的估值推算为43.5亿。

▓ 为何选择马云

在宣布与阿里巴巴"整合"之后，位于五道口一栋不起眼的写字楼里的UC公司没有发生明显的变化。UC办公室的风格与互联网精英公司相去甚远。办公室显然没有太精心的布置，墙上贴着俞永福接受媒体专访的剪报以及各色公司活动中的员工合照，看起来杂乱且随意。这家高速运转的公司始终在轨道上奔跑，还没顾得上将办公室装扮得更加"得体"。

事实上，UC已经成立10年，成员从6人发展到2500人，并开发出中国和印度最流行的移动浏览器。UC发布的官方数据显示，目前，UC全球用户超过5亿，旗下拥有UC浏览器、神马搜索、UC九游、PP助手等多个行业领先的移动互联网产品及平台，其中，UC浏览器安卓平台用户已突破3亿，在苹果和安卓两大智能平台月度覆盖人数占行业总体的65.9%，排名市场第一。能够显示这家公司的重要性的一个细节是：几位中央级的领导曾到访UC，其中包括张德江和刘延东，他们来视察的照片被贴在UC办公区的一面墙壁上。

宣布被阿里巴巴全资并购的第二天，俞永福出现在记者面前。他身穿一件浅灰色的POLO衫，棉质的随身感没能将俞永福略微发福的身材修饰得更加好看。如果不是必要，他很少穿西装，精致的袖扣被他手腕上穿着黄金钱币的红绳取代。

他不修边幅的装扮似乎彰显他作为一个创业者的姿态。有人说，当俞永福脱掉了西装，放弃联想投资副总裁拥有的百万年薪时，他就没再想当过职业经理人。

在面对被并购后创始人失去话语权的疑问，俞永福表示股权不能代表决定权，他告诉《博客天下》："UC现在董事会有5个人，其中3个是UC的人。"

UC加入阿里巴巴的重要原因之一是马云主动提出让俞永福加入阿里巴巴战略决策委员会，并成立阿里UC移动事业群。

"我作为阿里UC移动事业群的总裁，直接汇报给阿里战略决策委员会。之前我也和其他人谈过收购的问题，但都需要我去向各个层级汇报。"从俞永福的性格来讲，他很难心甘情愿不断在各个层级之中做汇报。他也不能接受UC成为一家大企业里随时需要做出牺牲的附属品，"我在选BAT的时候发现B（百度）有它自己跟我类似的业务，T（腾讯）有跟我自己类似的业务。而我需要的事情是，以我为主。第一，品牌以我为主。第二，打法以我为主。你在支持我往前去发展，还是我要支持你往前发展，这是非常大的不同。"俞永福告诉《博客天下》。

俞永福总结UC的生存法则：做一家有主人、有灵魂的伟大公司。"我要说了算。"他说。

2007年，俞永福刚加入UC一年。他力主朱顺炎加入UC成为团队的第四个搭档，但遭到了董事会的反对。俞永福在董事会上拍了桌子，并提出要用自己的股权进行对赌。朱顺炎成为了UC第四个合伙人。"永福说往东，大家不要往西。"俞永福告诉《博客天下》，自2007年那次分歧之后，UC的董事会非常和谐。"原因很简单，只要我能说到做到，一切先按我说的办。"

‖　一不留神就老了

在成为UC的CEO之前，俞永福是联想投资（现更名为君联资本）最年轻的投资副总裁。俞永福说自己在联想投资喝了五年的"浓缩液"——他看到的创业企业不下500家，这些企业的CEO把多年对产业和企业的经营与理解在两个小时之内跟作为投资人的俞永福分享。"我当时20多岁，每天跟40、50岁的老男人聊企业、行业这种沉重的话题，一不留神就变老了。"俞永福曾开玩笑地说。

尽管外表老成，俞永福内心也有躁动。他的两大爱好是踢球和飙车。他说踢足球不做教练，要做场上队长；飙车不坐副驾驶，要做操纵方向盘的赛车手。

2005年，他告诉联想投资的总裁朱立南，他要去创业。"只要是投资人就是'副驾驶'，方向盘不在自己手里，他要找真正'开车'的感觉。"

投资人的经历让俞永福有着比同龄人更为冷静和谨慎的表现，并拥有更为长远的眼界。他说投资人的经历让他具备"跳出画面看画"的能力。

在UC的8年时间里，他严密地控制着这家处于上升期的企业，并用长远的眼光给UC谋划布局。俞永福总是在做准备，而当他出现的时候，他已经准备好了。

2006年年底的一天，晚上十点钟，俞永福和雷军在一家酒吧里喝酒。当时俞永福还是一位投资人，他向雷军提出邀约。

喝了一杯啤酒后，雷军发觉俞永福心事重重。俞永福告诉雷军，自己一直在看的一个项目，联想投资的决策委员会否决了投资的提议。这个没能获得投资的项目就是UCWeb。他向雷军讲述了决策委员会的担心：手机浏览器的竞争格局不明显，没有形成良好的商业模式。雷军告诉俞永福自己已经用了半年的UC浏览器，虽然没有仔细想过投资的问题，但总体对产品的印象不错。

俞永福突然放下酒杯，他盯着雷军，说："要不您投资吧？"还不等雷军做出回应，俞永福已经开始讲述起自己对这个项目的理解和想法："移动互联网是未来的发展趋势，虽然UCWeb目前还是一个初创的企业，用户也只有200万，但长远来看，UCWeb将是移动互联网未来的制高点，发展潜力非常大……"

在雷军看来，平时俞永福带着浓厚的联想做派，行事稳重，言语谨慎。但此时的俞永福却越讲越激动，雷军已经被他带入到一种亢奋的情绪中。雷军把酒杯一放："永福，这个案子我投了！"

雷军唯一的条件是俞永福做UCWeb的CEO。当时俞永福没有给出确切的答案，他说自己要好好想一想。几天后，雷军在会议上接到俞永福的电话，省去寒暄，他听到对方开口第一句话是："雷总，我豁出去了！"

后来，俞永福告诉雷军，在酒吧见雷军之前，他就已经决定要做UCWeb的CEO。雷军后来在博客中记述："没有立刻答应我，主要是不希望影响我的投资决策。"

2007年底，俞永福与雷军一起在广州参加一场会议。结束后，俞永福坚持要将雷军送到机场。在去往机场的路上，雷军再一次感受到俞永福激动的情绪。

"您当初说得没错，UCWeb确实可能成为下一个Google。如果你出任董事长，胜算会更大！"俞永福对雷军说。

雷军没有接话茬，他已经是UCWeb的投资人和董事，没有必要再担任董事长。雷军还没有确切答应俞永福，俞就已经开始在张罗给雷军准备办公室，亲自挑选沙发、书柜，还在冰箱里装满了雷军常喝的饮料。

几个月后，UC浏览器的用户量增长了25倍，成绩惊人。俞永福又开始了新一轮的动员，他深知雷军对金山有深厚的感情，他说："和金山一样，UCWeb也是民族软件企业，UCWeb也要对抗世界级巨头……UCWeb未来会成为几千人的软件公司，我们都没有经验，假如您坐镇，将是UCWeb事业腾飞的转折点！"

本打算休整一两年的雷军决定帮助俞永福。

俞永福后来提到请雷军出任UCWeb的董事长，最重要的原因是当时他刚加入两年，从投资人转型到企业，行业中没太多人知道"俞永福"是谁，但雷军却能给UCWeb带来巨大的号召力。

2009年，俞永福明显看到了国际化的机遇。"后发展的经济体，往往有跨代发展的特征。"他在美国的一次演讲中提到，"在中国，固话跟手机基本是同步发展，比较平衡，并驾齐驱，但趋势是移动超越固定互联网。在印度，固话还根本没发展，PC没普及，就先上了手机，反过来直接进入了'移动互联网就是互联网'的阶段。"能够证明俞永福的观点的事实是诺基亚手机在印度等发展中国家仍然热卖。

在中国，UC的发展却面临着一场不容忽视的危机。中国的智能机兴起，OS平台和Android平台逐渐取代了塞班，人们开始怀疑浏览器是否能一直作为入口；与此同时，海豚浏览器、猛犸浏览器等后起之秀以及QQ浏览器带来的竞争冲击，都让UC面临艰难的处境。对于俞永福来说，走出去的欲望更加强烈了。

"这是我们做出的第一个不简单的决定。尽管已经看到国际化的好处，但对我们内心而言，还是有挑战的。"俞永福告诉《博客天下》。

俞永福的顾虑来自两个方面，一是因为历史上还没有一家成功的中国互联网公司走出过中国；二是UC仍然是个创业公司，能否搬得动国际化的这块"砖头"还不能确定。但经过一番思考后，俞永福和UC的决策团队决定向海外扩展。如今他们在海外拥有过亿用户。

两年前，百度在张家界召开的百度联盟峰会上，当时俞永福还是百度的合作伙伴之一。峰会结束后，就传出百度收购UC的传闻。

很难说俞永福什么时候开始真正考虑将UC并购出去。他承认几乎所有巨头都找过UC。百度收购UC的消息此前在网络上炒了几轮。当《博客天下》向俞永福求证是否在两年前并购的想法已经在心里萌发时，他还没等记者的话音落下，就坚决地否认了。

俞永福在接受采访时称，在过去的4年中，UCWeb已投资或并购了30家公司。

2013年至2015年的投资预算为人民币30亿元，而在2012年已经支出了人民币20亿元，包括资本开支。

这位38岁的创业者一直在织网布线，他不愿意过度考虑盈利目标，尽管他说UC目前各方面的盈利水平态势良好。他总是预支时间，这一刻正在做的事情总是在给未来做准备。

2014年4月，UC高调发布神马搜索。事实上，神马搜索的团队已经在公司内部低调筹划了四年。

▏ 投资人创业

UC浏览器的吉祥物是一只松鼠。俞永福说他喜欢松鼠，因为他们迅捷灵敏，这和他喜欢打乒乓球的原因一样。有趣的是，松鼠受到惊吓时也不轻易放下食物，而是叼着球果逃跑。

俞永福说阿里巴巴的并购方案给他建立了合伙心态。之所以拒绝百度，是因为俞永福不能放弃手中的"球果"。

他不止一次地提到过创建一家国际化大公司的愿景。"突破10亿用户平台的公司有两家，一个是Google，一个是Facebook，下一个有机会能够突破十亿平台的公司应该在中国，腾讯有机会，UC有机会。这是我们坚持的初心。"俞永福告诉《博客天下》。

"初心"几乎是UC近几年来遇到岔口和危机时，俞永福做选择的唯一标准。选择国际化的时候，他谈到了初心，与阿里巴巴整合，也是由心出发。阿里巴巴在国际上的资源，收购高德补充的LBS业务，以及雄厚的资金和数据库资源，都会为UC的成长添砖加瓦。俞永福说，阿里巴巴让UC看到未来。

俞永福早年在联想的工作经历，让他对大公司抱有迷恋。有人评价，他是40岁以下最像柳传志的CEO。

在某种程度上，俞永福确实继承了这位被称为中国企业教父的衣钵。UC内部提倡"大五"文化，俞永福希望员工称他"班长"或

"永福"，他说话时喜欢称自己为第三人称的"永福"，他说这种文化产生平等，而平等是创造力产生的必要条件，以及杜绝官僚体系的关键。

在俞永福写给员工的公开邮件中，他将他们称呼为"同学们"，当发布一条重要的消息时，他喜欢用"班委会的一致决定"来宣布公司的重大变动。

俞永福也曾谈起过柳传志对他的影响。他回忆在联想投资时，与柳传志一起开过的一次会议，"和柳传志柳总讨论一个项目，大家的话题扯得越来越远。这时，柳总让我们把讨论这件事的目的写在黑板上。做其他事情也是这样，要把你脑子里想的问题目标想清楚，事实是一系列的问题都是这样，把目标要搞明白。"

也有人将加入阿里巴巴的俞永福与腾讯的微信创始人张小龙对比。微信是腾讯在移动互联网中的创新，而阿里巴巴把移动互联网交给俞永福。

但俞永福说他最欣赏的企业家是亚马逊CEO杰夫·贝索斯，因为他走成功了一条不寻常的路——投资人创业。而在现实世界中更多的是企业家创业成功之后去当投资人。他将贝索斯列为自己学习的榜样，并希望人们在很多年后，也能忘记他曾经的一段经历是做投资的。

"一个人，成功之后，你放个屁都是真理；失败了，你说的是真理，别人听起来都像放屁。所以当你要真正想成功，必须走出一条不寻常的路，而不是沿着那些所谓成功企业、成功人士的路走一遍。"俞永福在一次演讲中说道。

‖ 阿里如何一步步"吃下"UC

2013年5月，阿里巴巴完成了第一笔对UC的投资，金额为5.06亿美元。

2013年12月，阿里巴巴第二次投资1.8亿美元，对UC进行增持。

2014年4月，阿里巴巴第三次增持，共计持有UCWeb66%的股权份额。

2014年6月，阿里巴巴与UC共同宣布完成并购交易。

（2014.6.25）